Sobre la amistad

Filosofía

Biografía

Aristóteles (Grecia, 384 a. C. – 322 a. C.) fue uno de los filósofos más destacados junto con Sócrates y Platón. A los 17 años se trasladó a Atenas para estudiar en la Academia, donde fue alumno y maestro. Fue principalmente discípulo de Platón y profesor de Alejandro Magno en el reino de Macedonia. Años más tarde, creó su propia escuela: el Liceo. Sabemos que la obra de Aristóteles la forman unos doscientos tratados, de los que solo se conservan treinta y uno, que examinan una gran variedad de temas: lógica, metafísica, ética, política, estética, retórica, astronomía y biología. Por ello, Aristóteles significa en muchos aspectos el inicio, la innovación y los cimientos de grandes ideas del mundo occidental.

Aristóteles
Sobre la amistad

Traducción: Patricio de Azcárate

ESPASA

Obra editada en colaboración con Editorial Planeta – España

Traducción revisada de Patricio de Azcárate
Diseño de la colección: Austral / Área Editorial Grupo Planeta
Diseño de portada: Planeta Arte & Diseño / David López
Arte realizado a partir de © Getty Images
Composición: Realización Planeta

Bajo el sello editorial PAIDÓS M.R.
Avenida Presidente Masaryk núm. 111,
Piso 2, Polanco V Sección, Miguel Hidalgo
C.P. 11560, Ciudad de México
www.planetadelibros.com.mx
www.paidos.com.mx

Primera edición impresa en España: septiembre de 2025
ISBN: 978-84-670-7868-8

Primera edición impresa en México en Booket: octubre de 2025
ISBN: 978-607-639-094-8

Impreso en los talleres de Impregráfica Digital, S.A. de C.V.
Avenida 11 # 463, interior bodega 2, Colonia San Nicolas Tolentino
Iztapalapa , CDMX, C.P. 09850
Impreso en México - *Printed in Mexico*

Índice

Teoría de la amistad

Teoría de la amistad, continuación

Teoría de la amistad*

* Esta parte corresponde al libro octavo de la *Ética a Nicómaco*. (N. del E.)

1

Características generales de la amistad

A todo lo que precede debe seguir una teoría de la amistad, porque ella es una especie de virtud o, por lo menos, va siempre escoltada por la virtud. Es, además, una de las necesidades más apremiantes de la vida; nadie aceptaría esta sin amigos, aun cuando poseyera todos los demás bienes. Cuanto más rico es uno y más poder y más autoridad ejerce, tanto más experimenta la necesidad de tener amigos a su alrededor. ¿De qué sirve toda esa prosperidad, si no puede unirse a ella la beneficencia que se ejerce, sobre todo y del modo más laudable, con las personas que se aman? Además, ¿cómo administrar y conservar tantos bienes sin amigos que nos auxilien? Cuanto mayor es la fortuna, tanto más expuesta se halla. Todo el mundo conviene en que los amigos son el único asilo donde podemos refugiarnos en la miseria y en los reveses de todo género. Cuando somos jóvenes reclamamos de la amistad que nos libre de cometer faltas dándonos consejos; cuando somos viejos, reclamamos de ella los cuidados y auxilios necesarios para suplir nuestra actividad, puesto que la debilidad senil produce tanto desfallecimiento; en fin, cuando estamos en nuestra plenitud, recurrimos a ella para realizar acciones brillantes:

> Dos decididos compañeros, cuando marchan juntos, son capaces de pensar y hacer muchas cosas.[1]

Añádase a esto que, por una ley de la naturaleza, el amor es, al parecer, un sentimiento innato en el corazón del ser que engendra respecto del ser que ha engendrado; y este sentimiento existe no solo entre los hombres, sino también en los pájaros y en la mayor parte de los animales que se aman mutuamente, cuando son de la misma especie; pero se manifiesta principalmente entre los hombres, y tributamos alabanzas a los que se llaman filántropos o amigos de los hombres. Todo el que haya hecho largos viajes ha podido ver por

1. Esto dice Diomedes hablando de sí mismo y de Ulises, *Ilíada*, canto X, verso 224.

todas partes cuán simpático y cuán amigo es el hombre del hombre. Podría hasta decirse que la amistad es el lazo que une los Estados, y que los legisladores se ocupan de ella más que de la justicia. La concordia de los ciudadanos no carece de semejanza con la amistad; y la concordia es la que las leyes quieren establecer ante todo, así como ante todo quieren desterrar la discordia, que es la más fatal enemiga de la ciudad. Cuando los hombres se aman unos a otros,[2] no es necesaria la justicia. Pero, aunque sean justos, aun así tienen necesidad de la amistad; e indudablemente no hay nada más justo en el mundo que la justicia que se inspira en la benevolencia y en la afección. La amistad no solo es necesaria, sino que, además, es bella y honrosa. Alabamos a los que aman a sus amigos, porque el cariño que se dispensa a los amigos nos parece uno de los más nobles sentimientos que nuestro corazón puede abrigar. Así, hay muchos que creen que se puede confundir el título de hombre virtuoso con el de amante.

Muchas son las cuestiones que se han suscitado sobre la amistad. Unos han pretendido que consiste en cierta semejanza, y que los seres que se parecen son amigos, y de aquí han venido estos proverbios: «El semejante busca su semejante»,

2. Admirable doctrina precursora del cristianismo y que Aristóteles toma de las enseñanzas de su maestro. Véase la *Política*, lib. II, caps. I y XVIII.

«El grajo busca a los grajos», y tantos otros que tienen el mismo sentido. Otra opinión completamente opuesta es la que sostiene, por lo contrario, que los que se parecen son opuestos entre sí, a la manera de los alfareros, que se detestan siempre mutuamente. También hay teorías que intentan dar a la amistad un origen más alto y más aproximado a los fenómenos naturales. Así, Eurípides nos dice que «la tierra desecada ama la lluvia y que el cielo brillante, cuando está lleno de agua, gusta precipitarse sobre la tierra».[3] Por su parte, Heráclito pretende que «solamente lo rebelde, lo opuesto, es útil; que la más bella armonía no sale sino de los contrastes y de las diferencias; y que todo en el universo ha nacido de la discordia». También hay otros, entre los cuales puede citarse a Empédocles, que se colocan en un punto de vista completamente contrario, y que sostienen, como dijimos antes, que lo semejante busca a lo semejante.

Dejemos aparte aquellas cuestiones que tienen carácter físico, porque son extrañas al objeto que aquí tratamos, y examinemos todas las que se refieren directamente al hombre, y que tienden a dar razón de su carácter moral y de sus pasiones. He aquí, por ejemplo, las cuestiones que pode-

3. Del *Edipo* de Eurípides, del que solamente se han conservado unos pocos fragmentos. *(N. del E.)*

mos discutir: ¿puede existir la amistad entre todos los hombres sin excepción? ¿O acaso cuando los hombres son viciosos son incapaces de practicar la amistad? ¿Hay una sola especie de amistad? ¿Pueden distinguirse muchas? A nuestro parecer, cuando se sostiene que no hay más que una sola, que varía simplemente en el más y en el menos, no se aduce en apoyo de tal afirmación una prueba bastante sólida, puesto que hasta las cosas que son de un género diferente son susceptibles también del más y del menos. Pero este es un punto que ya hemos tratado anteriormente.

2

Del objeto de la amistad

Todas las cuestiones que acabamos de indicar quedarán bien pronto aclaradas, tan pronto como sepamos cuál es el objeto propio de la amistad, el objeto digno de ser amado. Evidentemente, no pueden ser amadas todas las cosas; solo se ama el objeto amable, es decir, el bien, o lo agradable, o lo útil. Pero como lo útil no es más que lo que proporciona un bien o un placer, resulta de aquí que lo bueno y lo agradable, en tanto que objetos últimos que se proponen al amor, pueden pasar por las dos únicas cosas a que se dirige el amor. Pero aquí se presenta una cuestión: ¿Es el bien absoluto, el verdadero bien, el que aman los hombres? ¿O solo aman lo que es bien para ellos? Estas dos cosas, en efecto, pueden no estar siempre de acuerdo. La misma cuestión tiene lugar respecto de lo agradable que del placer. Además, cada uno de nosotros parece amar lo que es bueno para él, y podría decirse de una manera absoluta que, siendo el bien el objeto amable, el objeto que es amado, lo que cada cual ama es lo que es bueno para él. Añádase que el hombre no ama lo que es realmente bueno para él, sino lo que le parece bueno. Esto, sin embargo, no puede dar lugar a ninguna diferencia seria, y de buen grado diríamos que el objeto amable es el que nos parece bueno para nosotros.

Hay, por consiguiente, tres causas que hacen que se ame. Pero jamás se aplicará el nombre de amistad al amor o al gusto que se tiene a veces por las cosas inanimadas, porque es demasiado claro que no puede haber de su parte reciprocidad de afección, como tampoco se puede querer para ellas el bien. ¡Sería cosa singular, por ejemplo, querer el bien del vino que se bebe! Todo lo que puede decirse es que se desea que el vino se conserve para poderlo beber cuando se quiera. Respecto al amigo, sucede todo lo contrario; se dice que es preciso desear el bien únicamente para él, y se llaman benévolos los corazones que quieren de este modo el bien de otro, aunque la persona amada no les corresponda. La benevolencia, cuando es recíproca, debe ser considerada amistad. Pero ¿no debe añadirse que, para ser verdaderamente amistad, esta benevolencia no debe ser ignorada por aquellos con quienes se tiene? Así, sucede muchas veces que es uno benévolo con gente que no ha visto jamás, pero se supone que son hombres de bien o que pueden sernos útiles, y entonces el sentimiento es, más o menos, el mismo que si uno de esos desconocidos hubiese manifestado ya la misma afección que vosotros habéis manifestado por él. He aquí, pues, gentes que son ciertamente benévolas recíprocamente. Pero ¿cómo se puede dar el título de amigo a gente cuya reciprocidad de sentimientos no se conoce? Para que sean verdaderos amigos, es preciso que tengan los unos para con los otros sentimientos de benevolencia, que se deseen el bien, y que no ignoren el bien que se desean mutuamente por una de las razones de que acabamos de hablar.

3

Especies de amistad

Los motivos de afecto son de diferentes especies, lo repito, y por consiguiente los amores y las amistades que causan deben diferir igualmente. Así, hay tres especies de amistad que responden a los tres motivos de afecto, y para cada una de ellas debe haber reciprocidad de amor, el cual no ha de quedar oculto a ninguno de los dos que lo experimentan. Los que se aman quieren el bien recíproco en el sentido mismo del motivo por que se aman; por ejemplo, los que se aman por interés, por la utilidad que pueden sacar el uno del otro, no se aman por sus personas precisamente, sino en tanto que sacan algún bien y algún provecho de sus relaciones mutuas. Lo mismo sucede con los que solo se aman por placer. Si aman a personas de costumbres también ligeras, no es a causa de su carácter, sino únicamente por los placeres que les proporcionan. Por consiguiente, cuando se ama por interés y por utilidad, solo se busca en el fondo el propio bien personal. Cuando se ama por placer, solo se busca realmente el placer mismo. En estos dos casos, no se ama aquel que se ama por lo que es realmente, sino que se le ama solo en tanto que es útil y agradable. Estas amistades solo son amistades indirectas y accidentales, pues no se ama porque el hombre amado tenga tales o cuales cualidades, cualesquiera que sean, sino que se le ama, en un caso por el provecho que procura y por el bien que facilita, y en otro, por el placer que proporciona.

Las amistades de este género se rompen muy fácilmente, porque estos pretendidos amigos no subsisten largo tiempo semejantes a sí mismos. Tan pronto como tales amigos dejan de ser útiles o no presentan el aliciente del placer, cesamos de amarlos al momento. Lo útil, el interés, no tiene nada de fijo, y varía de un instante a otro de una manera completa. Llegando a desaparecer el motivo que los hacía amigos, la amistad desaparece en el acto con la única causa que la había formado.

La amistad, entendida de esta manera, parece encontrarse principalmente en los hombres de mucha edad; la ancianidad no va en busca de lo agradable, solo busca lo que es útil. También es este el defecto de los hombres que están en plenas facultades y de los jóvenes cuando solo buscan su interés personal. Los amigos de esta clase no tienen gusto, ni poco ni mucho, en vivir habitualmente juntos. Lejos de esto, gustan poco el uno del otro, y no advierten la necesidad de una comunicación íntima, fuera de los momentos en que deben satisfacer recíprocamente su interés. Se complacen puramente mientras dura la esperanza de sacar alguna ventaja el uno del otro. En esta clase de relaciones es donde debe colocarse también la hospitalidad. El placer parece ser el único que inspira las amistades de los jóvenes; ellos viven dominados por la pasión y solo buscan el placer, y aún puede decirse, el placer del momento. Con el tiempo, los placeres cambian y se hacen distintos. Así es que los jóvenes contraen de relámpago sus relaciones amistosas y las cesan del mismo modo. La amistad pasa con el placer a que debía su nacimiento, y este placer cambia muy rápido. Los jóvenes se ven arrastrados por el amor; y el amor, la mayoría de las veces, no se produce sino bajo el imperio de la pasión y del placer. He aquí por qué aman tan pronto, y tan pronto cesan de amar, del mismo modo que cambian veinte veces de gusto en un mismo día, pero no por eso dejan de querer pasar todos los días y vivir constantemente con el objeto amado, porque, de este modo, se produce y se comprende la amistad en la juventud.

La amistad perfecta es la de los hombres virtuosos que se parecen por su virtud, porque se desean mutuamente el bien, en tanto que son buenos, y yo añado que son buenos por sí mismos. Los que quieren el bien para sus amigos por motivos tan nobles son los amigos por excelencia. De suyo, por su propia naturaleza, y no accidentalmente, es como se encuentran en tan dichosa disposición. De aquí resulta que la amistad de estos corazones generosos subsiste todo el tiempo que son ellos buenos y virtuosos, porque la virtud es una cosa sólida y durable. Cada uno de los dos amigos es bueno absolutamente en sí, y es bueno igualmente para su amigo, porque los buenos son a la vez y absolutamente buenos y útiles los unos para los otros. También se puede añadir que son mutuamente agradables, y esto se comprende sin dificultad. Si los buenos son agradables absolutamente, y si lo son también los unos para con los otros, es porque los actos propios, así como los actos que se parecen a los nuestros, nos causan siempre placer, y que las acciones de los hombres virtuosos son virtuosas también o, por lo menos, son semejantes entre sí. Una amistad de esta clase es durable, como puede fácilmente concebirse, puesto que reúne todas las condiciones que deben encontrarse en los verdaderos amigos. Y así, toda amistad se forma con la mira de alguna ventaja o con la mira del placer, sea absolutamente, sea por lo menos con relación al que ama; y, además, solo se forma a condición de una cierta semejanza. Todas estas circunstancias se encuentran esencialmente en el caso que indicamos aquí: en esta amistad hay semejanza al mismo tiempo que hay todo lo demás, es decir, que de una y otra parte son absolutamente buenos y absolutamente agradables. Nada hay en el mundo más digno de ser amado que esto, y en las personas de este mérito es donde se encuentra generalmente la amistad, y la más perfecta. Es muy claro, por otra parte, que amistades tan nobles han de ser raras, porque hay pocos hombres de este carácter. Para formarse estos lazos se necesita, además, tiempo y hábito. El proverbio tiene razón cuando dice que no pueden conocerse mutuamente los amigos, «antes de haber consumido juntos una talega de sal». Tampoco pueden dos personas aceptarse ni ser amigos antes de haberse mostrado dignos del mutuo afecto, ni antes de haberse establecido entre ellos una recíproca confianza. Cuando dos personas crean una amistad tan rápida, desean, indudablemente, hacerse amigos, pero no lo son y no lo llegan a ser verdaderamente sino a condición de ser dignos de la amistad y de conocerse bien mutuamente. El deseo de ser amigo puede ser rápido, pero la amistad no lo es. La amistad solo es completa cuando media el concurso del tiempo y de todas las demás circunstancias que hemos indicado; y gracias a estas relaciones, llega a ser igual y semejante por ambas partes, condición que debe existir también cuando se trata de verdaderos amigos.

4

Comparación de las tres especies de amistad

La amistad que se forma por placer tiene algo que la asemeja a la amistad perfecta, porque los buenos se complacen también unos a otros. Asimismo, puede decirse que la que se contrae con miras de interés y de utilidad no deja de tener relación con la amistad por virtud, puesto que los buenos son también justos entre sí. Lo que principalmente puede hacer durar las amistades fundadas en el placer y en el interés es que se establezca una completa igualdad entre uno y otro amigo; por ejemplo, en cuanto al placer. Pero el lazo no se afianza solo por este motivo; puede afianzarse también por ser debida esta igualdad que los aproxima a un mismo origen, como sucede cuando ambos son de buena sociedad, y no como entre el amante y aquel a quien se ama; porque los que se aman bajo este último concepto no tienen ambos los mismos placeres, puesto que el uno se complace en amar y el otro en recibir los cuidados de su amante. Cuando la edad de la hermosura[1] llega a pasar, también la amistad desaparece; este no tiene ya placer en ver a su antiguo amigo, ni aquel lo tiene en recibir sus atenciones. Muchos, sin embargo, cuando hay entre ellos conformidad de hábitos, permanecen unidos aún, si en una larga intimidad cada cual ha contraído afecto al carácter del otro.

En cuanto a los que no buscan un cambio de placeres en sus relaciones amorosas, sino que solo ven el interés, son menos amigos y lo son por menos tiempo. Los que son amigos por puro interés cesan de serlo con el interés mismo que los había aproximado, porque, en realidad, no eran amigos, y solo lo eran del provecho que podrían sacar.

Por tanto, el placer y el interés pueden hacer que los hombres malos sean amigos unos de otros, y también que hombres de bien sean amigos de hombres viciosos, y que los que no son ni lo uno ni lo otro se hagan amigos de los unos o de los otros indiferentemente. No es menos evidente que los

1. En el *Fedro* de Platón se encuentran detalles completamente análogos a lo que aquí se dice, y es de creer que Aristóteles lo recordaba cuando escribía este pasaje.

buenos son los únicos que se hacen amigos por sus amigos mismos, porque los malos no se aman entre sí si no encuentran en ello algún provecho.

Hay más; solo la amistad de los buenos es inaccesible a la calumnia, porque no pueden creerse fácilmente las aserciones de nadie contra un hombre que durante largo tiempo se ha conocido y experimentado. Los corazones de esta especie se fían plenamente el uno del otro; no han pensado jamás en hacerse el menor daño, y tienen todas las demás cualidades profundamente estimables que se encuentran en la verdadera amistad, mientras que nada obsta a que las amistades de otra especie sean objeto de semejantes ataques.

Puesto que en el lenguaje ordinario se llaman amigos a todos aquellos que solo lo son por interés, como los Estados, cuyas alianzas militares solo se hacen en interés de los contratantes; y puesto que también se llaman amigos a los que solo se aman por placer, como sucede con los jóvenes, será preciso, quizá, que nosotros demos también el nombre de amigos a los que se aman por estos motivos. Pero entonces tendremos cuidado de distinguir muchas especies de amistad. La primera y la verdadera amistad será para nosotros la de los hombres virtuosos y buenos, que se aman en tanto que son buenos y virtuosos. Las otras amistades solo son amistades por su semejanza con esta. Los que son amigos por estos motivos inferiores lo son siempre bajo la influencia de algo bueno, así como de algo semejante que hay entre ellos y que los aproxima, porque el placer es un bien a los ojos de los que lo buscan. Pero si estas amistades por interés y por placer no unen estrechamente los corazones, es raro igualmente que se encuentren juntas en los mismos individuos, porque las cosas pendientes del azar y del accidente no se unen entre sí sino de modo muy imperfecto.[2]

Dividiéndose la amistad en las especies que hemos indicado, solo queda que los hombres malos se hagan amigos por interés o por placer, porque solo tienen entre sí estos puntos en común. Los buenos, por lo contrario, se hacen amigos por sí mismos, es decir, en tanto que son buenos. Solo estos, absolutamente hablando, son amigos, porque los demás lo son indirectamente y por la semejanza que en ciertos conceptos tienen con los verdaderos amigos.

2. Porque el placer y el interés son tan mudables el uno como el otro.

5

DISTINCIÓN DE LA DISPOSICIÓN MORAL Y DEL ACTO MISMO CON RELACIÓN A LA AMISTAD

Así como en la virtud es preciso hacer distinciones, y unos son llamados virtuosos simplemente a causa de la disposición moral en que están, y otros porque son virtuosos en los actos y en los hechos, lo mismo tiene lugar respecto a la amistad. Unos gozan actualmente del placer de vivir con sus amigos y procurarles bien; otros, separados de ellos por accidente, como cuando los separa el sueño, o por la distancia, no obran por el momento como si fueran amigos, pero están, sin embargo, en disposición de obrar mostrando la más sincera amistad. Esto nace del hecho de que la distancia entre dos lugares no destruye absolutamente la amistad; destruye solamente el acto, el hecho actual. Es cierto, sin embargo, que, si la ausencia es de larga duración, debe, naturalmente, causar el olvido de la amistad. De aquí el proverbio:

> Con frecuencia, un largo silencio ha destruido la amistad.

En general, los ancianos y los extravagantes se sienten muy poco inclinados a la amistad, porque el sentimiento del placer tiene poco influjo en ellos. Ahora bien, nadie va a pasar el tiempo con quien le sea desagradable o no le cause placer; y la naturaleza del hombre le inclina a evitar lo que le es penoso y a buscar lo que le agrada. En cuanto a los que se dispensan mutuamente una buena acogida, pero que no viven habitualmente juntos, se los puede clasificar más bien entre los hombres que están ligados por una benevolencia recíproca, que no entre los unidos por una verdadera amistad. Lo que más caracteriza a los amigos es la vida común. Cuando uno está necesitado, se desea esta mancomunidad por la utilidad que de ello se saca; y cuando se vive con desahogo, también se desea por el placer de pasar el tiempo con las personas que se aman. Nada conviene menos a la amistad que el aislamiento, pero no es posible vivir juntos sin la precisa condición de complacerse y de participar más o menos de los mismos gustos, acuerdo que se produce de ordinario entre los verdaderos camaradas.

La amistad por excelencia es, pues, la de los hombres virtuosos. No temamos decirlo muchas veces: el bien absoluto, el placer absoluto, son los verdaderamente dignos de ser amados y de ser buscados por nosotros. Pero como a cada uno le parece merecer mejor su amor lo que él mismo posee, el hombre de bien es para el hombre de bien a la vez lo más agradable y lo más bueno.

El afecto o el gusto parece más bien un sentimiento pasajero; y la amistad, una manera de ser constante. El afecto o el gusto puede recaer también sobre cosas inanimadas; pero la reciprocidad en la amistad no es más que el resultado de una preferencia voluntaria, y la preferencia afecta siempre a una cierta manera de ser moral. Si se quiere el bien para aquellos a quienes se ama, es únicamente por ellos, es decir, no por un sentimiento pasajero, sino por una manera de ser moral que se conserva respecto de ellos. Amando a su amigo, ama uno su propio bien, el bien de sí mismo; porque el hombre bueno y virtuoso, cuando se ha hecho amigo de alguno, viene a ser él mismo como un bien para aquel que ama. Y así, por una y otra parte, se ama su bien personal y, sin embargo, se hace entre ellos un cambio que es perfectamente igual en la intención de los dos amigos y en la especie de los servicios cambiados; porque la igualdad se llama también amistad; y todas estas condiciones se encuentran, sobre todo, en la amistad de los hombres de bien. Si la amistad se produce con menos frecuencia entre los melancólicos y los ancianos, es porque son gentes de mal humor, que encuentran menos placer en las relaciones que son consecuencia de un trato recíproco, y las cuales son, sin embargo, a la vez, el resultado y la causa principal de la amistad. Precisamente por esto, los jóvenes se hacen siempre amigos mientras que los ancianos no. No es posible hacerse amigos de las personas que desagradan. La misma observación puede hacerse respecto de los excéntricos. Pero es posible que estos sean benévolos los unos para con los otros, que quieran recíprocamente el bien, y que se los encuentre siempre que se trate de hacer y recibir servicios; mas no son precisamente amigos, porque no viven juntos, ni se gustan mutuamente, condiciones que, al parecer, son indispensables para que exista la amistad.

6

La verdadera amistad no se extiende a más de una persona

No es posible ser amado por muchos con una perfecta amistad, lo mismo que no lo es amar a muchos a la vez. La verdadera amistad es una especie de exceso en su género, es una afección que supera a todas las demás, y se dirige por su misma naturaleza a un solo individuo, porque no es muy fácil que muchas personas agraden a la vez tan vivamente, ni quizá sería bueno. Es preciso, también, haberse conocido y experimentado mutuamente y tener una perfecta conformidad de carácter, lo cual es siempre muy difícil. Pero cuando no hay de por medio otra cosa que el interés o el placer, es posible agradar a un buen número de personas, porque hay siempre muchos dispuestos a contraer estas relaciones, y los servicios que se intercambian de esta suerte no pueden durar más que un instante. De estas dos especies de amistad, la que se produce por el placer se parece más a la amistad verdadera, cuando las condiciones que la hacen nacer son las mismas por una y otra parte, y los dos amigos gustan uno de otro o se complacen en las mismas diversiones. Esto es lo que forma las amistades entre los jóvenes, porque en ellas es donde precisamente reinan la liberalidad y la generosidad de corazón. Por lo contrario, la amistad por interés es solo digna del alma de los mercaderes.

Los hombres afortunados no tienen necesidad de relaciones útiles, pero necesitan relaciones agradables, y por esta causa quieren vivir habitualmente con algunas personas. Como el fastidio de la vida se quiere siempre evitar, y nadie soportaría continuamente ni siquiera el bien, si el bien le fuese penoso, los ricos buscan amigos que les sean agradables. Quizá les convendría más buscar en sus amigos la virtud al lado del placer, porque entonces reunirían todo lo que se necesita para que haya verdadera amistad. Pero cuando se ocupa una posición elevada, se tienen generalmente amigos de muy diversas clases. Unos son amigos útiles; otros, amigos agradables; y como es muy raro que unas mismas personas tengan a la vez ambas cualidades, los opulentos se cuidan poco de buscar amigos agradables que estén al mismo tiempo dotados de virtud, ni amigos útiles con el único objeto de hacer grandes y bellas cosas. Pensando en sus placeres, solo quieren amigos dóciles y amables, o bien gentes hábiles y dispuestas siempre a ejecutar lo que se les mande.

Mas estas cualidades, el placer y la virtud, no se reúnen frecuentemente en el mismo individuo. Se ha dicho con razón que el hombre virtuoso es, a su vez, agradable y útil; pero jamás un amigo tan perfecto se une a un hombre que le supera en posición, a menos que él no supere igualmente en virtud a este hombre opulento; de otra manera, no compensaría su inferioridad con una igualdad proporcional. Pero no hay muchos hombres que se hagan amigos en estas condiciones.

Las amistades de que acabamos de hablar están fundadas también en la igualdad. Los dos amigos se hacen los mismos servicios y tienen las mismas intenciones el uno para con el otro o, por lo menos, se intercambian una ventaja por otra ventaja, por ejemplo, el placer por la utilidad; pero ya hemos observado que estas amistades son menos verdaderas y menos durables. Como tienen semejanza y desemejanza a la vez con una sola y misma cosa, es decir, con la amistad fundada en la virtud, parecen, a la vez, que son y que no son amistades. Por su semejanza con la amistad virtuosa, parecen amistades verdaderas; la una tiene lo agradable, la otra lo útil, doble ventaja que se encuentra igualmente en la amistad virtuosa. Sin embargo, como, de otra parte, esta se encuentra fuera del alcance de la calumnia y es durable, mientras que aquellas dos amistades inferiores pasan pronto y difieren en muchos puntos, puede también sostenerse que no son amistades; tan grande es su desemejanza con la amistad verdadera.

7

DE LA AMISTAD O AFECTO RESPECTO DE LOS SUPERIORES

Hay también otra especie de amistad que depende de la superioridad misma de una de las dos partes; por ejemplo: la amistad del padre con el hijo y, en general, del de mayor edad con el más joven, del marido con su mujer, y de un jefe cualquiera con sus subordinados. Entre todas estas formas de afecto hay ciertas diferencias, porque no es el mismo afecto, por ejemplo, el de los padres a los hijos que el de los jefes a sus subalternos. Ni es idéntico el afecto del padre por el hijo al del hijo por el padre, ni el del marido por la mujer al de la mujer por el marido. Cada uno de estos seres tiene su virtud propia y su función; y como los motivos que excitan su amor son diferentes, sus afectos y sus amistades no lo son menos. No son, pues, sentimientos idénticos los que se producen por una y otra parte, ni habría necesidad tampoco de tratar de producirlos. Cuando los hijos tributan a sus padres lo que se debe a aquellos de quienes han recibido la existencia, y los padres hacen lo mismo respecto de sus hijos, el afecto, la amistad, es entre ellos perfectamente sólida y todo lo que debe ser. En todas estas afecciones, en que existe cierta superioridad de una parte, es preciso también que el sentimiento amoroso sea proporcionado a la posición del que lo experimenta; así, por ejemplo, el superior debe ser amado más vivamente de lo que él ama. Y lo mismo pasa por el ser que es más útil, así como con todos aquellos que tienen alguna preeminencia; porque cuando el afecto está en relación con el mérito de cada uno de los individuos, se convierte en una especie de igualdad, condición esencial de la amistad.

Pero la igualdad no es la misma en el orden de la justicia que en el orden de la amistad. La igualdad, que ocupa el primer puesto en materia de justicia, es la que está en relación con el mérito de los individuos, y ocupa el segundo la que está en relación con la cantidad. En la amistad sucede todo lo contrario; la cantidad es la que ocupa el primer lugar y el mérito el segundo. Esto puede observarse sin dificultad en los casos en que existe entre los individuos una gran distancia en cuanto a virtud, vicio, riqueza o cualquiera otra cosa; entonces cesan de ser amigos y no se creen capaces de serlo. Donde aparece de una manera patente es respecto a los dioses, puesto que tienen una superioridad infinita en toda especie de bienes. Algo semejante puede verse respecto a los reyes.[1] Se está tan por bajo de ellos respecto a riqueza, que se hace imposible la amistad con los mismos, a la manera que los que no tienen ningún mérito no conciben que puedan ellos llegar a ser amigos de los hombres más eminentes y más sabios.

No podría ponerse un límite preciso en todos estos casos, ni decir exactamente el punto hasta donde se puede ser amigo. Ciertamente, es posible quitar mucho a las condiciones que forman la amistad sin que esta deje de producirse; pero cuando la distancia es tan excesivamente grande, como la que media entre los dioses y el hombre, la amistad no puede ya subsistir. He aquí cómo ha podido suscitarse la cuestión de saber si los amigos deben desear realmente a sus amigos los más grandes bienes, por ejemplo, el llegar a ser dioses, porque entonces cesarían de tenerlos por amigos; ni si deben desearles ninguna clase de bienes, aun cuando los amigos de-

1. Es preciso tener presente que Aristóteles vivió largo tiempo en la intimidad de Filipo y Alejandro.

sean el bien para los que aman. Pero si ha habido razón para decir que el amigo quiere el bien de su amigo por el amigo mismo, es preciso añadir que este amigo debe permanecer en el estado en que se encuentra, porque en tanto que es hombre se desearán para él los más grandes bienes. Y aun no deberá desear uno que los adquiera todos sin excepción, puesto que, en general, se quiere el bien, ante todo, para sí mismo.

8

En general, se prefiere ser amado a amar

La mayor parte de los hombres, movidos por una especie de ambición, prefieren que se los ame antes que amar ellos mismos. He aquí por qué los hombres, en general, gustan de los aduladores; el adulador es un amigo respecto del cual es uno superior o, por lo menos, finge él que es inferior, así como que ama más que es amado. Pero cuando uno es amado, está muy cerca de ser estimado; y la estima es lo que desean la mayor parte de los hombres. Si tanto valor se da a la estima, es por sus consecuencias indirectas. El vulgo no se satisface tanto por la consideración que merezca de parte de los que están en elevada posición, como por las esperanzas que esta consideración hace concebir.

Se espera obtener todo lo que se quiera de estos personajes, cuando uno lo necesite; y se regocija con las muestras de consideración que recibe, concibiéndolas como señal de una futura benevolencia. Pero cuando se desea la estima de los hombres de bien y previsores, se quiere que se afiance en ellos la opinión que acerca de su persona se les ha inspirado. Nos es sumamente grato entonces que se reconozca nuestra virtud, porque tenemos fe en la palabra de los que expresan este juicio de nosotros, y nos lisonjea también ser amados por ellos por este amor, y solo por él, y llegamos hasta a decir que estamos dispuestos a preferir el afecto a la estima, de modo que en tal caso la amistad se nos hace apetecible únicamente por sí sola.

La amistad, por lo demás, parece consistir más bien en amar que en ser amado. Lo prueba el placer que sienten las madres al prodigar su amor. Se ha visto a muchas que, debiendo abandonar a sus hijos, se complacían en amarlos todavía solo por ser suyos, y sin esperar un afecto recíproco, imposible en semejantes criaturas, contentándose con ver que sus hijos crecen, y queriéndolos con no menos pasión, a pesar de no poder estos, por su ignorancia, dar nada de lo que se debe a una madre.

Consistiendo la amistad más bien en amar que en ser amado, y siendo, a nuestros ojos, dignos de alabanza los que aman a sus amigos, parece que amar debe de ser la gran virtud de los amigos. Por consiguiente, siempre que el afecto descanse en el mérito de los dos amigos, estos serán constantes y su relación será sólida y durable. Por esto, personas, por otra parte muy desiguales, pueden ser amigos, porque la mutua estima los hace iguales. Ahora bien: la igualdad y la semejanza constituyen la amistad, sobre todo cuando esta semejanza es la de la virtud, porque entonces, siendo los dos amigos constantes, como lo son ya de suyo, lo son igualmente el uno para con el otro. Jamás tienen necesidad de solicitar uno de otros vergonzosos servicios, ni nunca se los prestan. Podría decirse que más bien los impiden, porque es propio de los hombres virtuosos evitar el incurrir ellos mismos en falta y, caso necesario, saber impedir las de sus amigos. Semejante constancia no se encuentra en los hombres malos. No subsistiendo ni un solo instante semejantes a sí mismos, solo son amigos por el momento, y no les agrada asociar otra cosa que su mutua perversidad. Los amigos que están ligados por interés o por placer son constantes por algún tiempo más, es decir, lo son mientras pueden sacar placer o provecho uno de otro. La amistad por interés nace principalmente del contraste; por ejemplo: entre el pobre y el rico, el ignorante y el sabio. Como se carece de algo que se desea, está uno dispuesto, con tal de obtenerlo, a dar, en cambio, cualquiera otra cosa. Se podría muy bien colocar en esta clase al amante y al objeto amado, lo mismo que lo bello y lo feo cuando se juntan. He aquí lo que algunas veces pone en ridículo a los amantes: creer que deben ser amados como ellos aman. Indudablemente, si son igualmente dignos de ser amados, tienen razón para exigir reciprocidad, pero si no tienen nada que merezca verdaderamente el afecto, su exigencia es ridícula. Por otra parte, puede suceder que lo contrario no desee precisamente su contrario en sí mismo, y que solo lo desee indirectamente. En realidad, el deseo tiende únicamente al término medio, porque en él se encuentra verdaderamente el bien; por ejemplo: tomándolo de otro orden de ideas, lo seco no tiende a hacerse húmedo, tiende a un estado intermedio; y lo mismo sucede con lo caliente y con todo lo demás. Pero no nos internemos en esta materia, que es demasiado ajena a la que queremos tratar aquí.

9

RELACIONES DE LA JUSTICIA Y DE LA AMISTAD BAJO TODAS SUS FORMAS

Al parecer, como ya se dijo al principio, la amistad y la justicia afectan a unos mismos objetos y se aplican a los mismos seres. En toda asociación, cualquiera que sea, se encuentran a la vez la justicia y la amistad hasta cierto grado. Se tratan como amigos los que navegan juntos, los que juntos combaten en la guerra, en una palabra, todos los que están asociados de uno u otro modo. A todo lo que se extiende la asociación, se extiende la amistad, porque estos son los límites de la justicia misma. El proverbio que dice «Todo es común entre amigos» es muy exacto, puesto que la amistad consiste principalmente en la asociación y en la mancomunidad. Todo es común igualmente entre hermanos y hasta entre camaradas. En las demás relaciones, la propiedad de cada cual está superada, pero se comunica, por otra parte, un poco más a estos, un poco menos a aquellos, porque las amistades son también más o menos vivas. Las relaciones de justicia y de derecho no difieren menos, puesto que no son las mismas las que tienen los padres con los hijos, los hermanos entre sí, los camaradas con sus compañeros, ni los ciudadanos con sus conciudadanos. Estas reflexiones se pueden aplicar a las demás especies de amistad. Las injusticias son igualmente diferentes en estas relaciones, y adquieren tanta más importancia según recaigan sobre amigos más o menos íntimos. Por ejemplo, es más grave despojar a un camarada de su fortuna que a un simple ciudadano; es más grave abandonar a un hermano que a un extraño, y golpear a un padre que a cualquier otra persona. El deber de la justicia se incrementa naturalmente con la amistad, porque una y otra se aplican a los mismos seres y tienden a ser iguales.

Por lo demás, todas las asociaciones particulares no son sino porciones de la gran asociación política. Se reúnen los hombres siempre para satisfacer algún interés general, y cada cual saca de la asociación una parte de lo que es útil para su propia existencia. La asociación política tiene evidentemente como único fin el interés común, lo mismo en el principio al constituirse que después al sostenerse. Este es el objetivo único de los legisladores, y lo justo, según ellos, es lo que conforma con esta utilidad general. Las demás asociaciones solo tienden a satisfacer parte de este interés total. Así, los marinos sirven al Estado en todo lo concerniente a la navegación, sea con relación a la producción de las riquezas, sea bajo cualquier otro aspecto. Los soldados le sirven en todo lo referente a la guerra, ya los mueva el deseo de lucro o de la victoria, ya lo hagan por puro amor patrio. Otro tanto puede decirse de los miembros de una misma tribu, de un mismo cantón. Al parecer, algunas de estas asociaciones solo tienen por objeto el placer; por ejemplo, las de los banquetes solemnes y las de las comidas en que cada cual contribuye con su parte. Se forman para ofrecer un sacrificio en común o por el simple placer de verse juntos; pero todas estas asociaciones están comprendidas en la asociación política, puesto que esta última no busca simplemente la utilidad actual, sino que busca la utilidad entera de los ciudadanos. Haciendo sacrificios, se tributa homenaje a los dioses en estas reuniones solemnes, y al mismo tiempo se da a todos un rato de solaz, que es muy grato. Antiguamente, los sacrificios y las reuniones sagradas tenían lugar después de la recolección de los frutos, por ser la época más desocupada del año, y eran como el ofrecimiento de las primicias que se hacía al cielo.

Resulta, pues, que todas las asociaciones especiales son parte de la asociación política y, por consiguiente, todas las relaciones y amistades revisten el carácter de estas diferentes asociaciones.

10

Consideraciones generales sobre las diversas formas de gobierno

Hay tres especies de constituciones y otras tantas desviaciones, que son como alteraciones viciosas de cada una de aquellas. Las dos primeras son el reinado y la aristocracia, y la tercera es la constitución que, por estar fundada sobre censo más o menos elevado, puede llamársela timocracia, y que habitualmente se la denomina república. El mejor de estos gobiernos es el reinado; el peor, la timocracia. La desviación del reinado es la tiranía. Ambas, tiranía y reinado, son monarquías, pero no por eso dejan de ser muy diferentes. El tirano no tiene otra mira que su interés personal; el rey solo se fija en el de sus súbditos; no es verdadero rey si no es perfectamente independiente y superior al resto de los ciudadanos en toda clase de bienes y cualidades. Ahora bien, un hombre colocado en tan elevadas condiciones no tiene necesidad de nada, no puede pensar nunca en su utilidad particular, y sí en la de los súbditos que gobierna. Un rey que no tenga esta virtud no será más que un rey de circunstancias, hecho tal por la elección de los ciudadanos.[1] La tiranía es enteramente lo contrario de este verdadero reinado. El tirano[2] solo busca su interés personal, y esto basta para probar evidentemente cuán posible es que este gobierno sea el peor de todos, porque en todos géneros lo opuesto a lo mejor es lo peor.

El reinado, cuando se corrompe, se convierte en tiranía, porque la tiranía no es más que la perversión del reinado, y un rey se convierte en un tirano. También muchas veces el gobierno pasa de la aristocracia a la oligarquía por la corrupción de los gobernantes, que se reparten entre sí la fortuna pública contra toda justicia; que conservan para ellos la totalidad o, por lo menos, la mayor parte de los bienes sociales; que mantienen siempre el poder en las mismas manos y ponen la riqueza por encima de todo lo demás. En lugar de gobernar los ciudadanos más dignos y honrados, son unos

1. Que no han sabido distinguir el verdadero mérito ni conocido su propio interés.

2. Véase el notable retrato del tirano y su relación con el rey en la *Política*, lib. VII, cap. IX.

cuantos depravados los que gobiernan. En fin, la constitución se transforma de timocracia en democracia, dos formas políticas que se tocan y son limítrofes. La timocracia se acomoda bastante bien a la multitud, y todos los que están comprendidos en el censo fijado son, por esto solo, iguales. La democracia es, por otra parte, la menos mala de estas desviaciones constitucionales, porque se aleja muy poco de la forma de la república.

Tales son las leyes del cambio[3] que sufren frecuentemente los Estados, experimentando de este modo modificaciones sucesivas, se separan lo menos posible y lo más fácilmente de su principio.

En la familia misma[4] pueden encontrarse semejanzas y modelos de las distintas formas de gobierno. La asociación del padre con los hijos tiene la forma de reinado, porque el padre cuida de sus hijos, y por esto Homero ha podido llamar a Júpiter «el padre de los hombres y de los dioses». Y así, el reinado tiende a ser un poder paternal. Entre los persas, por lo contrario, el poder del padre sobre su familia es un poder tiránico; los hijos son para ellos esclavos, y el poder del dueño sobre sus esclavos es tiránico por necesi-

3. Todo esto se desarrolla en la teoría de las revoluciones, articulada en los libros octavo y último de la *Política*.

4. Platón encuentra los modelos de las diversas formas de gobierno en los caracteres diferentes de los individuos, y Aristóteles en las condiciones de la familia.

dad, pues en esta asociación solo se toma en cuenta el interés del dueño. Por lo demás, esta autoridad me parece legítima y buena; pero la autoridad paterna, como la practican los persas, es completamente falsa, porque el poder debe variar cuando los individuos varían. La asociación del marido y de la mujer constituye una forma de gobierno aristocrático. El hombre manda en ella conforme es justo, pero solo en las cosas en que el hombre debe mandar y abandonando a la mujer lo que corresponde a su sexo. Pero cuando el hombre pretende decidir soberanamente de todo sin excepción, se convierte la asociación en oligarquía, y obra entonces contra derecho, desconoce su misión y ya no manda en nombre de su superioridad natural. A veces, son las mujeres las que mandan, cuando llevan al matrimonio grandes riquezas. Pero estas dominaciones singulares no proceden del mérito; no son más que el resultado de la fortuna y de la fuerza que ella da, exactamente como sucede en las oligarquías. La asociación de los hermanos representa el gobierno timocrático, porque son iguales, salvo que haya entre ellos una gran diferencia de edad. En cuanto a la democracia, se encuentra, sobre todo, en las familias y en las casas que no tienen dueño que las gobierne, porque entonces son todos iguales, y lo mismo sucede en aquellas en que el jefe es demasiado débil y deja a cada cual hacer todo cuanto quiere.

11

Relación entre los sentimientos de amistad y de justicia bajo todas las formas de gobierno

La amistad reina en cada uno de estos Estados o gobiernos en la misma forma que la justicia, y así el rey ama a sus súbditos a causa de su superioridad, que le permite ser benéfico con ellos, porque hace felices a aquellos a quienes gobierna, una vez que, gracias a las virtudes que le distinguen, se ocupa en hacerlos dichosos con el mismo esmero que el pastor cuida de su ganado. En este sentido, Homero llama a Agamenón «el pastor de los pueblos». Tal es, igualmente, el poder paterno, consistiendo la única diferencia en que sus beneficios son mayores aún. El padre es el autor de la vida, es decir, de lo que se mira como el mayor de los bienes; el padre es el que proporciona alimento y educación a los hijos, cuidados que pueden correr igualmente a cargo de los ascendientes de más edad que el padre; porque la naturaleza quiere que el padre mande a sus hijos, los ascendientes a sus descendientes, y el rey a sus súbditos. Estos sentimientos de afecto y de amistad dependen de la superioridad de una de las partes, y esto es lo que nos obliga a honrar a nuestros padres. La justicia, como sucede con el afecto, no es igual en todas estas relaciones, pero se proporciona al mérito de cada uno, absolutamente del mismo modo que lo hace el afecto. Y así, el amor del marido por su mujer es un sentimiento semejante al que reina en la aristocracia. En esta unión, las principales ventajas se atribuyen al mérito y recaen en el más digno, y cada cual tiene lo que le corresponde. De este modo, también se distribuye en estas relaciones la justicia. La amistad de los hermanos se parece a la de los camaradas: son iguales y poco más o menos de la misma edad y, por tanto, tienen de ordinario la misma educación y las mismas costumbres. En el gobierno timocrático, el afecto que se tienen entre sí los ciudadanos se parece al que existe entre los hermanos; los ciudadanos tienden todos a ser iguales y hombres de bien; el mando es alternativo y perfectamente igual, y tal es, igualmente, el afecto que los ciudadanos se tienen mutuamente.

Pero en las formas degeneradas de estos gobiernos, como la justicia decrece por grados, la afección y la amistad muestran igualmente las mismas fases, y donde menos se encuentra aquella es en la peor de todas estas formas políticas. Así, en la tiranía, no hay o, por lo menos, apenas se encuentra la amistad; porque donde no hay algo de común entre el jefe y los subordinados no hay afecto posible, ni tampoco justicia. Entre ellos no hay otra relación que la del artesano con los instrumentos de su trabajo, la del alma con el cuerpo, la del dueño con el esclavo. Todas estas cosas son muy útiles, sin duda, para los que se sirven de ellas, pero no hay amistad posible con las cosas inanimadas, como no hay justicia para ellas, como no la hay de parte del hombre para el caballo o para el buey, ni de parte del dueño para el esclavo, en tanto que es esclavo. Esto nace de que no hay nada de común entre estos seres; el esclavo no es más que un instrumento animado, lo mismo que el instrumento es un esclavo inanimado. En tanto que esclavo, no puede existir amistad con él, y solo puede tener lugar en tanto que hombre. En efecto, se establecen relaciones de justicia entre un hombre y otro con tal que puedan ambos tomar parte en la formación de una ley o de una convención; pero las relaciones de amistad son posibles solo en tanto que son hombres los que las contraen. En las tiranías, los sentimientos de amistad y de justicia tienen escasa expansión. Por el contrario, en la democracia se desarrollan todo lo posible, porque son muchas las cosas comunes entre ciudadanos que son todos iguales.

12

De los afectos de familia

Toda amistad descansa en una asociación, como ya hemos dicho; pero quizá pueda distinguirse entre las demás formas de afecto la que nace del parentesco o la que procede de una unión voluntaria entre compañeros. En cuanto al lazo que une a los ciudadanos entre sí, o que se establece entre los miembros de una misma tribu o entre los pasajeros durante la navegación, así como respecto de todas las uniones análogas, todas estas son más bien relaciones de mera asociación. Parecen consecuencia de cierto contrato, y aun se podrían colocar en la misma clase las relaciones que resultan de la hospitalidad.

La amistad, el afecto que nace del parentesco, tiene también muchas clases, pero todos los afectos de este género se derivan de la paternal. Los padres aman a sus hijos considerándolos como una parte de sí mismos, y los hijos aman a sus padres estimando que les son deudores de todo lo que son. Pero los padres saben que los hijos han salido de ellos, mucho mejor de lo que los seres por ellos producidos saben que proceden de sus padres. El ser de quien procede la vida está más íntimamente ligado al que ha engendrado que el que ha recibido la vida lo está a aquel a quien debe la existencia. El ser que sale de otro ser pertenece a aquel de quien nace, como nos pertenece una parte de nuestro cuerpo, un diente, un cabello y, en general, como una cosa cualquiera pertenece al que la posee. Pero el ser que ha dado la existencia no pertenece absolutamente a ninguno de los seres que proceden de él o, por lo menos, les pertenece menos estrechamente. Solo después de mucho tiempo puede pertenecerles. Por lo contrario, los padres aman a sus hijos inmediatamente y desde el acto de nacer, mientras que los hijos no aman a sus padres sino después de muchos adelantos, de mucho tiempo, y cuando han adquirido inteligencia y sensibilidad. Esto explica también por qué las madres aman con más ternura. Así, los padres aman a sus hijos como a sí mismos; los seres que salen de ellos son en cierta manera una extensión de sí mismos cuya existencia se desprende de algún modo de la suya, pero los hijos aman a sus padres solo como nacidos de los mismos.

Los hermanos se aman entre sí, porque la naturaleza ha querido que nacieran de los mismos padres. Su paridad relativa a los padres de quienes han recibido su existencia es causa de la paridad de afecto que se manifiesta entre ellos. Y así se dice que son de la misma sangre, del mismo tronco y otras expresiones análogas; y realmente son, en cierto modo, de la misma e idéntica sustancia, si bien seres separados. Además, la comunidad de educación y la conformidad de la edad contribuyen mucho a desenvolver la amistad que los une.

> Se complacen fácilmente los que son de la misma edad.[1]

Cuando se tienen las mismas inclinaciones, no cuesta trabajo hacerse camaradas. He aquí por qué la amistad fraternal se parece mucho a la de los camaradas. Con respecto a los primos y parientes de los demás grados, el cariño que se tienen no tiene otro origen que el proceder de un tronco común. Unos se hacen más íntimos, otros viven más alejados, según el jefe de la familia sea más próximo o más remoto.

El amor de los hijos para con sus padres y de los hombres para con los dioses es como el cumplimiento de un deber respecto de un ser superior

1. Véase la misma sentencia, casi en los mismos términos, en la *Moral, a Eudemo*, lib. VII, cap. II.

y benéfico. Los padres y los dioses nos han hecho el mayor de los beneficios, porque son los autores de nuestra existencia; nos crían y después de nuestro nacimiento nos aseguran la educación. Si, por otra parte, este afecto de los miembros de la familia les procura en general más goces y utilidad que las afecciones ajenas, es porque la vida es más común entre ellos. En la afección fraternal hay todo lo que puede haber en la afección de los camaradas y además es tanto más viva cuanto más sanos son los corazones y se parecen más en general. Tanto más arraiga el cariño cuanto más íntimamente se vive desde la infancia, pues procediendo de los mismos padres, se tienen las mismas costumbres, se alimentan y se instruyen de la misma manera, y las pruebas que reciben del otro llegan a crear lazos tan múltiples como sólidos.

Los sentimientos de afecto son proporcionados en los demás grados de parentesco. El afecto entre marido y mujer es evidentemente un efecto directo de la naturaleza. El hombre, por naturaleza, se siente más inclinado a unirse de dos en dos que a hacerlo con sus semejantes mediante la asociación política. La familia es anterior al Estado, y es aún más necesaria que el Estado, porque la procreación es un hecho más común que la asociación entre los animales. En todos los demás animales, la aproximación de los sexos no tiene otro objeto ni otro alcance. Por lo contrario, la especie humana cohabita, no solo para tener hijos, sino también para sostener todas las demás relaciones de la vida. Bien pronto las funciones se dividen, puesto que la del hombre y la de la mujer son muy diferentes, y los esposos se completan mutuamente, poniendo en común sus cualidades propias. Esta es, precisamente, la causa por la que en esta afección se encuentran, a la vez, lo útil y lo agradable. Esta amistad puede ser la de la virtud, si los esposos son ambos honrados, porque cada uno de ellos tiene su virtud especial, y por esta razón pueden complacerse mutuamente. Los hijos, en general, constituyen un lazo más entre los cónyuges, y así se explica por qué estos se separan más fácilmente cuando no los tienen, porque los hijos son un bien común de los dos esposos, y todo lo que es común es prenda de unión.

Pero indagar cómo deben vivir el marido y la mujer y, en general, el amigo con su amigo, es absolutamente lo mismo que indagar cómo deben ser justos el uno para el otro. Por lo demás, es claro que no son las mismas reglas de conducta las que deben observarse con un amigo, con un extraño, con un camarada, o con un simple compañero que hemos conocido por azar y por poco tiempo.

13

De las quejas y reclamaciones con relación a las distintas clases de amistad

Las amistades son de tres clases, como dijimos al principio, y en cada una de ellas los amigos pueden ser o completamente iguales, o el uno superior al otro. Así, los que son igualmente buenos pueden ser amigos, pero el mejor puede hacerse también amigo de otro que sea menos bueno. Lo mismo sucede con los que se unen por placer, y lo mismo, en fin, con los que se ligan por interés, y cuyos servicios pueden ser iguales o diferentes por razón de su importancia. Cuando los amigos son iguales, es preciso, en virtud de esta misma igualdad, que sean también iguales en su recíproca afección, así como en todo lo demás. Pero cuando los amigos son desiguales, solo se conserva la amistad mediante un afecto que debe ser proporcionado a la superioridad de uno de ellos.

Las quejas y las recriminaciones solo se producen en la amistad por interés o, por lo menos, es en la que se producen con más frecuencia, lo cual se concibe sin dificultad. Los que son amigos por virtud solo se proponen hacerse un bien recíproco, porque esto es lo propio de la virtud y de la amistad. Cuando no hay otro motivo de división que esta noble lucha, no hay que temer que haya entre ellos quejas ni luchas. Nadie lleva a mal que se le ame ni que se le hagan favores, y si está dotado de buen gusto, toma el desquite devolviendo servicios por servicios. El mismo que tiene la superioridad, si obtiene, en el fondo, lo que desea, ningún cargo podrá dirigir a su amigo, puesto que uno y otro desean únicamente el bien. Tampoco tienen cabida las disputas en las amistades por placer, porque ambos tienen igualmente lo que desean, si no aspiran a otra cosa que al placer de vivir juntos, y sería perfectamente ridículo echar en cara al amigo el no tener gusto en esta relación íntima, puesto que siempre se puede dejar de vivir con él.

Pero la amistad por interés está muy expuesta, lo repito, a quejas y disgustos. Como no hay en ella otro vínculo que el interés, se desea siempre más de lo que se tiene y se imagina recibir menos que lo que es debido. De aquí entonces las quejas, porque no se obtiene todo lo que se desea y todo lo que con motivo se creía merecer, mientras que, por su parte, a los que dan les es imposible satisfacer nunca con sus dones las necesidades ilimitadas de los que los reciben. Así como dentro de lo justo puede distinguirse un aspecto doble, lo justo que no está escrito y lo justo legal, en igual forma se puede distinguir en la amistad o relación interesada el lazo puramente moral y el lazo legal. Las recriminaciones y las acusaciones se suscitan principalmente cuando, después de contraída la amistad, se cesa por el influjo de una relación que no se comprendía por ambas partes de la misma manera. La relación legal, la que se funda en estipulaciones expresas, es ya puramente mercantil, como cuando se hace el trato con dinero en mano, ya un poco más liberal, como cuando se hace a plazos. Pero por ambas partes siempre hay el acuerdo de entregar más tarde tal cosa por otra. La deuda, en este caso, es perfectamente clara y no puede dar lugar a la menor disputa; pero el plazo que se concede prueba el afecto y la confianza que se tiene en aquel con quien se trata. Por esto, en algunos países no se da acción jurídica para hacer efectivos estos contratos a plazo, porque se supone siempre que los que contraen mostrando esta confianza deben tenerse un afecto recíproco.

En cuanto a la relación moral en este género, no descansa sobre convenciones positivas. En este caso parece hacerse un regalo como el que se hace a un amigo o, por lo menos, tiene algo de análogo; pero realmente se espera recibir el equivalente de lo que se ha dado, y quizá más, porque no ha sido una pura donación, sino más bien un préstamo el que se ha hecho. Cuando el trato no se realiza en los mismos términos en que primitivamente se creyó que se realizaría, se suscitan quejas; y si las reclamaciones son tan frecuentes en la vida, es porque ordinariamente todos los hombres, por lo menos la mayor parte, tienen verdaderamente la intención de obrar bien, pero en realidad lo que buscan es su utilidad. Y si es cosa bella hacer un bien sin pensar en recibir nada, en cambio siempre es provechoso recibir un servicio.

Siempre que se pueda, debe devolverse, según los casos, todo lo que se ha recibido, y es preciso devolverlo de buen grado. Jamás debe uno hacerse amigo de otro con repugnancia, y por esto, si uno devolviera de mal grado lo recibido, parecería indicar que se había equivocado al contraer tal amistad y, además, parecería también resultar que había recibido un servicio de una persona de quien no debió aceptarlo; no se habría recibido entonces el servicio de un amigo o de una persona que os había servido por la simple satisfacción de servir. Es preciso cumplir siempre las obligaciones que se han contraído, como si hubiera habido acuerdos terminantes. Debe manifestarse, además, que no habría dudado un momento en devolver el servicio, si hubiera estado en disposición de poderlo verificar: así como que está persuadido de que, si no le fuera posible pagar, tampoco al que ha prestado se le ocurriría exigir la deuda. Pero tan pronto como se puede, repito, es preciso corresponder, pues al principio es cuando se debe examinar de quién se recibe el servicio y bajo qué condiciones, para saber con certeza si se quiere o no aceptarlo y sufrir sus consecuencias.

Pero aquí surge una duda: ¿debe medirse el valor de un servicio por la utilidad que reporta al que lo recibe y deberá, a su vez, prestar otro proporcional? O bien: ¿debe tenerse en cuenta tan solo la generosidad del que presta el servicio? Los favorecidos, en general, se sienten inclinados a sostener que lo que reciben de sus bienhechores no tiene para estos la menor importancia, y que otros muchos pudieron muy fácilmente hacerles el mismo favor, despreciando y rebajando así el servicio que se les ha hecho. Los bienhechores, por lo contrario, pretenden que lo que han dado era para ellos de la mayor importancia, que otros, que no hubieran sido ellos, no habrían prestado semejante servicio, sobre todo dadas las peligrosas circunstancias y ahogos insuperables en que se encontraba el agraciado. En vista de estas contradicciones, es preciso reconocer que, cuando la relación se funda exclusivamente en el interés, el provecho del que recibe el servicio es la verdadera medida de lo que debe devolver. Él es el que ha reclamado el servicio, y el que se lo hizo tenía la convicción de que recibiría más tarde de él una cosa equivalente. Y así, la ayuda que se le ha procurado es tan grande como el provecho que ha sacado de él y debe devolver otro tanto, y si devolviera más haría una cosa altamente honrosa.

Pero en las amistades que solo están fundadas en la virtud no hay que temer recriminaciones, ni quejas. La intención del que presta el servicio es en este caso la única medida, puesto que, en materia de virtud y en las cosas que tocan al corazón, la intención es siempre lo principal.

14

De las desavenencias en las relaciones en que uno de los dos es superior

Pueden suscitarse también desavenencias en las relaciones en que uno de los dos es superior al otro. Cada cual, por su parte, puede creer que merece más de lo que se le da, y cuando nace esta desavenencia, la amistad se rompe bien pronto. El que es verdaderamente superior cree que debe percibir más, puesto que la porción mayor debe adjudicarse siempre al mérito y a la virtud. Por su parte, aquel de los dos que representa la utilidad hace la misma reflexión, porque sostiene, con razón, que el hombre que no presta un servicio útil no puede obtener una parte igual. Y se convierte en una carga y una servidumbre lo que debía ser una verdadera amistad, cuando las ventajas que proceden de esta no son proporcionales al valor de los servicios hechos. Así como en una asociación de capitales, los que contribuyen con más deben obtener una parte mayor de los beneficios, lo mismo suponen que debe suceder en la amistad. Pero el que está lleno de necesidades y es inferior hace un razonamiento contrario: a sus ojos, hacer un servicio al que se encuentra en una necesidad es el deber de un buen y verdadero amigo. ¡Magnífica ventaja, dicen ellos, proporcionaría el ser amigo de un hombre poderoso y probo, si de ello no ha de resultar ningún provecho! Uno y otro, cada cual de su lado, tienen, al parecer, razón, y es preciso, en efecto, que cada uno saque de semejante relación una parte mayor. Solo que no es una parte de la misma cosa; el superior sacará más honor; el que está necesitado sacará más provecho, porque el honor es el premio de la virtud y de la beneficencia, y el provecho es la ayuda que se presta al necesitado.

Lo mismo debe observarse en la administración de los Estados. No hay honores para el que no hace ningún servicio al público. El bien del público solo se concede al hombre de quien este ha recibido servicios, y en este caso el bien del público es el honor, la consideración. De la cosa pública no es posible sacar a la vez provecho y honor; nadie consiente durante mucho tiempo tener menos de lo que le corresponde bajo todas las relaciones. Se tributa honor y respeto al que no puede recibir dinero, y el cual, en este concepto, está menos retribuido que los demás. Se da dinero, por el contrario, al que puede recibir tales presentes; porque, tratando siempre a cada uno en proporción a su mérito, es como se los iguala y se sostiene la amistad, como antes he dicho. Tales son también las relaciones que deben existir entre los que son desiguales: se pagan con pruebas de respeto y deferencias los servicios de dinero y de virtud que se han recibido; y se pagan cuando se puede, porque la amistad exige más lo que se puede que lo que ella se merece. Hay muchos casos, en efecto, en que es imposible pagar todo lo que se debe; por ejemplo: en la veneración que debemos tener para con los dioses y para con nuestros padres. Nadie puede darles jamás lo que se les debe; pero el que los adora y los venera todo lo posible ha cumplido su deber. Y así, podrá tolerarse que un padre reniegue de su hijo, pero jamás será permitido que un hijo reniegue de su padre. Cuando se debe, es preciso pagar, pero como un hijo no ha podido ni puede dar jamás el equivalente de lo que ha recibido, queda siempre siendo deudor de su padre. Por el contrario, aquellos a quienes se debe tienen la potestad siempre de librar a su deudor, y de este derecho se sirve el padre respecto de su hijo. Por otra parte, no hay un padre que quiera desprenderse de su hijo sino cuando el hijo es de una incurable perversidad, porque, además del afecto natural que tiene por él, no permite el corazón humano retirar el apoyo al que lo necesita. En cuanto al hijo, es preciso que sea muy corrupto para que se desentienda del cuidado de sostener a su padre o se limite a hacerlo con descuidada solicitud. Esto consiste en que la mayor parte de los hombres solo piensan en adquirir bienes, y el dispensarlos a los demás les parece que debe evitarse por el nulo provecho que proporcionan.

No quiero elaborar más lo que tenía que decir sobre este punto.

Teoría de la amistad

*Continuación**

* Esta parte corresponde al libro noveno de la *Ética a Nicómaco. (N. del E.)*

1

De las causas de desavenencia en las relaciones en que los amigos no son iguales

En todas las amistades en que los dos amigos no son semejantes, la proporción es la que iguala y conserva la amistad, como ya he dicho. En esto sucede lo mismo que en la asociación civil. Un cambio de valor se verifica, por ejemplo, entre el zapatero que da el calzado y el tejedor que da su tela; y los mismos cambios tienen lugar entre todos los demás miembros de la asociación. Pero en este caso hay, al menos, una medida común, que es la moneda, consagrada por la ley. A ella se refiere todo lo demás, y por ella todo se mide y valora. Como no hay nada de esto en las relaciones de afecto, el que ama se queja a veces de que su exceso de ternura no es correspondido, aunque quizá no tenga nada digno de ser amado, cosa que puede muy fácilmente suceder; y otras veces el que es amado se queja de que su amigo, después de haberle prometido mucho en otro tiempo, se desentiende completamente de sus magníficas promesas. Si estas quejas recíprocas se producen, es porque como el uno, el amado, solo ama por interés, y el otro, el amante, por el placer, ambos se encuentran defraudados en sus esperanzas. Formada su amistad solo por estos motivos, la ruptura se ha hecho necesaria desde que ni uno ni otro han podido obtener lo que motivó sus relaciones. No se aman por sí mismos: solo aman en ellos cualidades que no son durables, y las amistades producidas por estas condiciones no son más durables que ellas. La única amistad que dura, lo repito, es la que, sacándolo todo de ella misma, subsiste por la conformidad de los caracteres y por la virtud.

Otra causa de desavenencia surge cuando en lugar de encontrar lo que se deseaba se encuentra otra cosa completamente diferente, porque lo mismo es no tener nada que tener aquello que no se desea. Es como la historia de aquel personaje que hizo magníficas promesas a un cantor, diciéndole que cuanto mejor cantara más le daría. Cuando a la mañana siguiente el cantor fue a reclamarle el cumplimiento de su promesa, el otro le respondió que le había pagado placer por placer.[1] Si uno y otro se hubieran propuesto solo esto, habría estado en su lugar esta respuesta; pero si el uno quería el placer y el otro la utilidad, y aquel tuvo lo que quería y este no lo obtuvo, el fin de la asociación no fue religiosamente cumplido, porque desde el momento que se tiene necesidad de una cosa, se inclina uno a ella con pasión y se está dispuesto a dar por ella todo lo demás. Pero ¿a quién de los dos pertenece fijar el precio del servicio? ¿Es al que ha comenzado por hacerlo o al que ha comenzado por recibirlo? El que ha sido primero en hacerlo parece haberse entregado con confianza a la generosidad del otro. Así dicen que hacía Protágoras[2] cuando enseñaba alguna cosa.

Decía el discípulo que él mismo valorara lo que sabía, y Protágoras recibía el premio que fijaba su discípulo. En casos de esta clase es frecuente atenerse al proverbio:[3]

> Sacad de vuestros amigos un provecho equitativo.

Los que comienzan por exigir dinero, y más tarde, a causa de la exageración misma de sus pro-

1. Había procurado placer al cantor en cuanto le había hecho concebir lisonjeras esperanzas con sus promesas.

2. Parece que este sofista fue el primero que exigió retribución a sus discípulos.

3. Hesíodo, *Las obras y los días*, v. 370.

mesas, no hacen nada de lo que han ofrecido, se exponen a que se les hagan reproches legítimos, porque no cumplen sus compromisos. Esta fue la precaución que los sofistas se vieron obligados a tomar, porque no habrían encontrado nadie que quisiera dar dinero por la ciencia que enseñaban; y como después de haber recibido su dinero, no hacían nada para merecerlo, hubo razón para quejarse de ellos. Pero en todos los casos en que no hay acuerdo previo respecto del servicio que se hace, los que lo ofrecen natural y espontáneamente no pueden estar expuestos jamás a tales reproches, como ya he dicho. En la amistad fundada en la virtud no pueden tener lugar estas acusaciones. Para pagar no hay aquí más regla que la intención, porque es la que constituye, propiamente hablando, la amistad y la virtud. Este sentimiento debe también inspirar recíprocamente a los que juntos han estudiado las enseñanzas de la filosofía. El dinero no puede medir el valor de este servicio; la veneración que se tributa al maestro no puede ser jamás todo lo debido, y es preciso limitarse, como para con los dioses y los padres,[4] a hacer todo lo que se puede.

4. Esta veneración profunda del discípulo para con su maestro es una idea que procede más bien de la India que de Grecia. En la India, al gourou, es decir, el preceptor del brahmán, se le asimila completamente a los padres, y las

Pero cuando el servicio no ha sido tan desinteresado, sino que se ha hecho con la mira de alguna utilidad, es preciso que el servicio que se vuelva en cambio parezca a las dos partes igualmente digno y conveniente. En el caso en que no resulten satisfechos, será, no solo necesario, sino perfectamente justo, que el que fue delante sea el que fije la remuneración; porque si lo que recibe equivale a la utilidad que ha conseguido el otro o al placer que el otro ha tenido, la remuneración recibida de este último será lo que debe ser. Esto es lo que pasa en las transacciones de todo género. Hay Estados cuyas leyes prohíben llevar a los tribunales la discusión de los contratos voluntarios, fundados sin duda en el principio de que el demandante debe arreglarse con aquel que le inspiró confianza bajo el mismo pie, y como ya lo había hecho al principio cuando se asoció con él. En efecto, el que obtuvo esta prueba espontánea de confianza parece que debe ser más capaz aún de transigir con justicia el litigio que el otro que confió en él. Esto nace de que, la mayoría de las veces, los que poseen las cosas y los que quieren adquirirlas no les dan un mismo valor. Lo que constituye nuestra propiedad y lo que se da a otros nos parece siempre de mucho valor y, sin embargo, el

faltas cometidas contra él se castigan con las mismas penas que las que se cometen contra los padres.

intercambio se hace, incluso respecto del valor, con las condiciones que determina el que recibe. Quizá el verdadero valor de las cosas yace no en la estimación que les da el que las posee, sino en la que les daba él mismo antes de poseerlas.

2

DISTINCIONES Y LÍMITES DE LOS DEBERES SEGÚN LAS PERSONAS

He aquí otras cuestiones que se pueden presentar aún: ¿Debe concederse todo a un padre? ¿Debe obedecérsele en todo? ¿O bien, cuando está enfermo, por ejemplo, debe obedecerse más bien al médico? ¿Debe elegirse con preferencia general al hombre de guerra?

Y estas otras análogas: ¿Debe servirse al amigo antes que al hombre virtuoso? ¿Deberá pagarse la deuda a un bienhechor primero que hacer un regalo a un compañero, en el caso en que no puedan hacerse a la vez ambas cosas? ¿Pero no es acaso muy difícil resolver todas estas cuestiones de una manera clara y precisa, en tanto que estos casos presentan diferencias de magnitud y de pequeñez, de mérito moral y de necesidad?

Lo que se ve sin la menor dificultad es que no es posible concederlo todo a un mismo individuo. De otro lado, vale más, en general, saber reconocer los servicios que se han recibido que complacer a un camarada, y es preciso satisfacer la deuda a quien se debe antes que hacer un regalo a una persona querida. Pero quizá esta regla misma no puede tener siempre aplicación; por ejemplo: un hombre que ha sido rescatado de unos ladrones, ¿debe rescatar a su vez a su salvador sea quien sea? Y aun admitiendo que este no se halle prisionero, pero que reclame el precio del rescate pagado por él, ¿deberá entregárselo antes que liberar a su propio padre? Porque, al parecer, se debe dar preferencia a un padre, no solo sobre un extraño sino sobre uno mismo. Me limito, pues, a repetir lo que ya he dicho: es preciso, en general, pagar nuestras deudas. Pero si dando a otro puede hacerse una acción mejor y más necesaria, es preciso, sin duda, inclinarse de este lado; porque puede suceder a veces que no haya una igualdad verdadera pagando los servicios que otro os ha prestado; por ejemplo: si sabía este que servía a un hombre de bien, mientras que el otro habría de pagar en su día el beneficio a un hombre conocido por perverso. Hay también casos en que, en efecto, no debe prestarse a quien nos ha prestado antes. Uno ha prestado a otro, porque sabía que era hombre de bien, y en la seguridad de que se lo devolvería, pero el otro no puede contar con ser reembolsado por un bribón. Si así sucede, la estimación no puede ser igual de una y otra parte; y si no es así, basta con pensarlo para que no sea un error obrar como se ha obrado. Por lo demás, como ya he dicho muchas veces, todas estas teorías sobre los sentimientos y acciones de los hombres se modifican según los casos a que se aplican. Y así es muy evidente que no debe tenerse la misma generosidad para con todo el mundo, ni concedérselo todo a nuestro padre, así como no deben sacrificarse todas las víctimas a Júpiter.

Como hay deberes muy desiguales para con los padres, los hermanos, los amigos, los bienhechores, es preciso dar con discernimiento a cada uno lo que le pertenece y le es debido. Es cierto que, en general, esto es lo que se hace; y así convida uno a los parientes a su boda, porque, en efecto, pertenecen a una familia común, y todos los actos que les interesan deben ser igualmente comunes; y por la misma razón, se mira como un deber estricto en los parientes asistir a los funerales. También los hijos deben, ante todo, asegurar la subsistencia a sus padres; es una deuda que pagan, y vale más atender a las necesidades de los que nos han dado la vida que a las propias. En cuanto al respeto, se les debe el mismo que se debe a los dioses, pero no se les debe toda clase de respetos; por ejemplo, no se tiene el mismo respeto por el padre que por la madre, así como no se respeta al padre en el mismo concepto que se respeta a un sabio o a un general, sino que se tiene al padre la veneración debida a un padre, y a la madre la que se debe a una madre.

En todas las ocasiones es preciso mostrar a los hombres más ancianos que nosotros el respeto debido a la edad. Debemos levantarnos en su presencia, cederles el puesto y tener con ellos todos los demás miramientos de este género. Entre camaradas y hermanos, por el contrario, debe reinar la franqueza y haber una generosidad que los haga partícipes de todo lo que poseemos. En una palabra, respecto a los parientes, los compañeros de tribu, los conciudadanos, y de todas las demás relaciones, es preciso esforzarse siempre en tributar a cada uno las consideraciones que le pertenecen, y discernir lo que debe dársele precisamente según el grado de parentesco, de mérito o de intimidad. Estas distinciones son de fácil ejecución cuando se trata de personas que son de la misma clase que nosotros, y presentan mayor dificultad cuando se trata de personas de clases diferentes; pero como no es esta razón para dejar de hacerlo, debe procurarse tener muy en cuenta todas estas gradaciones y diferencias en cuanto sea posible.

3

Rupturas de la amistad

Cuestión espinosa es el saber si las relaciones amistosas deben romperse o conservarse, cuando las personas no siguen siendo lo que eran los unos respecto de los otros. ¿O es que no resulta ningún mal de una ruptura, desde el momento en que los que estaban ligados por interés o por placer no tienen nada que comunicarse? Como era este el único objeto de su amistad, cuando este objeto desaparece, parece llano que cesen de amarse. La única queja que podría tener lugar sería si alguno, amando por interés y por placer, fingió que también amaba de corazón. En efecto, como dijimos al principio, la causa más ordinaria de desunión entre los amigos es que no se unen con las mismas intenciones, y que no son amigos unos de otros por el mismo motivo. Cuando uno de los dos se ha equivocado creyéndose amado de corazón, siendo así que el otro nada ha hecho para dárselo a entender, solo a sí mismo debe culparse. Pero si ha sido engañado por el disimulo de su pretendido amigo, tiene derecho a quejarse de la hipocresía de este, y puede hacerlo con más razón que la que tenemos para censurar a los monederos, porque el delito de tal pretendido amigo afecta a una cosa mucho más preciada.

Pero supongamos el caso en que uno se ha unido a otro creyéndole hombre de bien, y que después se vuelve vicioso, o solamente lo parece: ¿Puede continuar amándole? ¿O será imposible amarle ya, puesto que no se ama todo indiferentemente, sino exclusivamente lo que es bueno? Porque no es un hombre malo al que se quería amar ni tampoco a quien se debe amar. No se debe amar a los malos ni tampoco parecerse a ellos, porque ya se sabe que lo que se parece se junta. He aquí, pues, la cuestión: ¿Debe romperse sobre la marcha? O bien: ¿deben hacerse distinciones y no romper con todos, sino solo con aquellos cuya perversidad sea ya incurable? Mientras haya esperanza de corregirlos, es preciso ayudarlos a salvar su virtud con más esmero que si se tratara de reparar su fortuna, porque se trata de uno de los servicios más nobles y más dignos de la verdadera amistad. Sin embargo, en otro caso, no hay inconveniente en romper, porque no fue con este hombre, tal cual ahora aparece, de quien se hizo uno amigo, y desde el momento que ha sufrido un cambio tan completo y no hay ya modo de salvarle, trayéndole al verdadero camino, no hay otra opción que alejarse de él.

Supongamos otro caso. Uno de los dos amigos continúa siendo como era, y el otro, haciéndose mejor moralmente, llega a superarle mucho en virtud. ¿Debe este continuar su amistad con aquel? ¿O es acaso imposible? La dificultad se hace evidente cuando la distancia entre los amigos es muy grande, como sucede en las amistades contraídas desde la infancia. Si uno permanece niño por la razón, mientras que el otro se hace un hombre lleno de fuerza y de capacidad, ¿cómo podrán permanecer amigos, puesto que no gustan de los mismos objetos, ni tienen ya los mismos goces ni las mismas penas? No habrá ya entre ellos ese cambio de sentimientos sin los cuales no hay amistad posible, puesto que no pueden ya vivir juntos con intimidad, como más de una vez hemos manifestado. Pero ¿habrá razón para que le tratéis con dureza, como si jamás hubiera sido vuestro amigo? ¿No deberá más bien conservarse el recuerdo de la antigua amistad? Así como el hombre se cree más obligado para con los amigos que para con los extraños, en igual forma debe concederse algo a ese pasado en que tuvo lugar la amistad, salvo que la ruptura haya procedido de un exceso de imperdonable perversidad.

4

El amigo de sí mismo y el amigo de los demás. Retrato del hombre bueno y del malo

Los sentimientos de aprecio que se tiene a los amigos, y que constituyen las verdaderas amistades, tienen su origen, al parecer, en el que el hombre se tiene a sí mismo. De este modo, se mira como amigo al que nos quiere y nos hace bien aparente o real, únicamente por uno mismo; o también al que desea la vida o felicidad de su amigo sin otra consideración que la del amigo mismo. Este es el aprecio desinteresado que sienten las madres por sus hijos, y que experimentan los amigos que se reconcilian después de alguna desavenencia. También se dice a veces que el amigo es el que vive con nosotros, que tiene los mismos gustos, que se regocija con los mismos goces, que se aflige con nuestros pesares, simpatía que se percibe principalmente en las madres. Veamos algunas de las características por las que se define la verdadera amistad. Estos son precisamente los sentimientos que el hombre de bien experimenta respecto de sí mismo, y que experimentan también los demás hombres, en tanto que se creen íntegros y honrados; porque, como ya he dicho, la virtud y el hombre virtuoso pueden tomarse por medida de todas las cosas. Un hombre semejante está siempre de acuerdo consigo mismo y desea las mismas cosas en todas las partes de su alma. No ve ni hace para sí más que el bien o lo que le parece serlo. Esto es lo propio del hombre honrado: hacer el bien exclusivamente, hacerlo por sí mismo, por la razón que está en él y constituye la esencia misma del hombre en cada uno de nosotros. Sin duda, quiere vivir y conservarse, pero ante todo quiere hacer vivir y salvar el principio mediante el cual piensa, porque, para el hombre honrado, la vida es un verdadero bien. Y, así, cada uno de nosotros quiere el bien para sí mismo. Pero si se volviera distinto y cambiase de naturaleza, no se desearían para esta nueva persona todos los bienes que se deseaban para la otra; porque si Dios posee actualmente el bien, es permaneciendo lo que es por esencia, y el principio inteligente es el que en el hombre constituye el fondo mismo del individuo o, por lo menos, parece constituirlo más que cualquier otro principio. Por tanto, cuando el hombre está dotado verdaderamente de virtud, quiere continuar viviendo consigo mismo, porque encuentra en ello un verdadero placer. Los recuerdos de sus actos pasados están llenos de dulzura, y sus esperanzas respecto de sus acciones futuras son igualmente honestas. Ahora bien: todos estos son sentimientos agradables. Esta multitud de pensamientos llena su espíritu de las más nobles emociones, y se complace en simpatizar sobre todo consigo mismo, con sus propios goces, con sus propios dolores; porque, para él, el placer y la pena se ligan siempre a los mismos objetos y no varían sin cesar de uno a otro. Jamás su corazón tiene motivo para arrepentirse. Como el hombre de bien está siempre, respecto de sí mismo, en estas disposiciones, y como es para un amigo lo mismo que para sí mismo, siendo el amigo uno mismo con él, de ello sigue que la amistad se aproxima mucho a lo que acabamos de decir, y que deben llamarse amigos a los que viven en estas relaciones recíprocas. En cuanto a la cuestión de saber si hay o no hay realmente amor de sí mismo, la dejaremos por el momento aparte. Nos limitaremos a decir que hay ciertamente amistad siempre que se encuentran dos o más de estas condiciones que hemos indicado; y que, cuando la amistad es extrema, se parece mucho al aprecio que se experimenta por uno mismo.

Estas condiciones, por lo demás, pueden encontrarse en el vulgo de los hombres y hasta entre los hombres malos, pero ¿no es verdad que no se reúnen en ellos tales condiciones sino en cuanto se complacen a sí mismos y se creen hombres de bien? Porque estos afectos jamás se producen ni tienen visos de producirse en hombres absolutamente perversos y criminales. Puede decirse que apenas se encuentran en los viciosos; ellos están siempre quejosos de sí mismos, desean una cosa y quieren otra, como los libertinos que no saben dominarse. En lugar de las cosas que ellos mismos creen ser buenas, prefieren las que son para ellos agradables, pero funestas. Otros, por el contrario, se abstienen de hacer lo que les parece mejor para su propio interés, ya sea por cobardía o por pereza. Hay también otros que, después de haber cometido una multitud de fechorías, acaban por detestarse a sí mismos a causa de su propia corrupción, miran la vida con horror y escogen el camino del suicidio. Los malos pueden buscar personas con quienes poder pasar la vida, pero, ante todo, huyen de sí mismos. Cuando están solos, su memoria no les presenta más que recuerdos dolorosos, y para el porvenir sueñan proyectos no menos horribles, mientras que, por el contrario, cuando están en compañía de otro olvidan estas odiosas ideas. No teniendo en sí nada digno de ser amado, no experimentan ningún sentimiento de amor hacia sí mismos; seres semejantes no pueden simpatizar ni con sus mismos placeres ni con sus mismas penas. Su alma está constantemente en discordia, y mientras que, por perversidad, tal parte de ella se aflige de las privaciones que se ve forzada a sufrir, tal otra se regocija en sufrirlas. Tirando del ser uno de estos sentimientos por un lado y otro por otro, resulta, si puede decirse así, hecho pedazos. Pero como no es posible sentir a la vez placer y dolor, no tarda en afligirse de haberse regocijado, y hubiera querido no haber degustado semejantes placeres, porque los hombres malos están siempre llenos de remordimientos por todo lo que hacen. Así, el malo, lo repito, jamás está en disposición de amarse a sí mismo, porque no encuentra en sí nada que pueda ser amado. Si este estado del alma es profundamente triste y miserable, es preciso huir del vicio con todas sus fuerzas y aplicarse con ardor a hacerse virtuoso, porque solo así se sentirá uno inclinado a amarse a sí mismo y hacerse amigo de los demás.

5

De la benevolencia

La benevolencia se parece a la amistad, pero no lo es exactamente. Puede ejercerse sobre desconocidos, sin que sepan el sentimiento que se experimenta por ellos; lo cual no sucede con la amistad, como ya he dicho anteriormente. La benevolencia tampoco es la inclinación por amar; porque no tiene ni intensidad, ni deseo, síntomas que de ordinario acompañan a la inclinación. Así, la inclinación se forma por el hábito, pero la benevolencia puede ser hasta casual; por ejemplo: el interés que se adquiere por los luchadores; los espectadores, al verlos combatir, se sienten benévolos respecto de ellos y los auxilian con sus aclamaciones, sin que por eso estén dispuestos a tomar parte personalmente en la lucha.

En este caso, la benevolencia es del todo eventual, y la afección que provoca no pasa de la superficie. Esto nace de que la amistad, como el amor, comienza, al parecer, por el placer de la vista; porque si al pronto no produce encanto el aspecto de la persona, no se la puede amar. No quiere decir esto que, porque uno se sienta seducido por la forma, ya esté enamorado, pues solo hay amor cuando se siente la ausencia de una persona y se desea su presencia. Es cierto que no pueden dos personas hacerse amigas sin haber experimentado antes la benevolencia, pero tampoco basta ser benévolo para amar. Uno se contenta con desear el bien a aquellos que son objeto de nuestra benevolencia, pero sin que, por otra parte, esté uno dispuesto a hacer nada con ellos, ni a privarse por ellos de cosa alguna. Solo metafóricamente puede decirse que la benevolencia es la amistad. Pero también puede afirmarse que la benevolencia, prolongándose con el tiempo y llegando a constituir un hábito, se convierte en una verdadera amistad, que no es la amistad por interés, ni la amistad por placer, porque la benevolencia no se inspira ni en uno ni en otro de estos motivos. En efecto, el que ha recibido un servicio corresponde con la benevolencia al bien que se le ha hecho, cumpliendo así un deber. Pero cuando se desea el triunfo de alguien, porque espera uno sacar también alguna ventaja, no es uno benévolo para con esta persona, sino más bien consigo mismo, a la manera que no es amigo el que trata a otro con la mira del provecho que de él pueda sacar.

En general, la benevolencia nace a la vista de la virtud o de un mérito cualquiera, siempre que una persona muestra a otra que es hombre de honor, de valor, o que tiene cualquier cualidad de este género, como los combatientes de que hablamos antes.

6

De la concordia

La concordia también parece tener algo de la amistad, y he aquí por qué no debe confundirse con la conformidad de opiniones, porque esta puede existir hasta entre personas que mutuamente no se conocen. No puede decirse, porque piensen los hombres lo mismo sobre un objeto cualquiera, que están de acuerdo; por ejemplo, si es sobre astronomía. Estar de acuerdo sobre estos puntos no implica el menor afecto. Por el contrario, se dice que hay concordia entre los Estados cuando recae sobre intereses generales, cuando se toma parte en ellos y cuando de acuerdo se ejecuta la resolución común. La concordia se aplica siempre a actos, y entre estos actos, a los que tienen importancia y que pueden ser igualmente útiles a las dos partes, y hasta a todos los ciudadanos, cuando se trata de un Estado: como cuando todo el mundo juzga unánimemente, por ejemplo, que todos los poderes deben ser electivos, o que es preciso hacerse aliados de los lacedemonios; o que Pitaco[1] debe reunir en sus manos toda la autoridad que, por otra parte, él acepta. Cuando, por el contrario, en un Estado cada uno de los partidos quiere el poder para sí, hay discordia como entre los pretendientes de las *Fenicias*.[2] Porque no basta para que haya concordia que los dos partidos piensen de la misma manera sobre un objeto dado, cualquiera que sea. Es preciso, además, que tengan la misma opinión en las mismas circunstancias; por ejemplo, que el pueblo y las clases altas estén acordes en dar el poder a los más eminentes ciudadanos, porque entonces cada cual tiene precisamente lo que desea. La concordia comprendida así se convierte, en cierta manera, en una amistad civil, como ya he dicho, porque comprende entonces los intereses comunes y todas las necesidades de la vida social.

Pero esta concordia supone siempre corazones sanos. En efecto, los corazones de esta índole están por lo pronto de acuerdo consigo mismos, y lo están recíprocamente entre sí, porque se ocu-

1. Pítaco, tirano de Mitilene; véase la *Política*, lib. III, cap. IX.

2. Una de las obras de Eurípides.

pan, por decirlo así, de las mismas cosas. Las voluntades de estos espíritus rectos permanecen inquebrantables; no tienen el flujo y reflujo como Euripe;[3] solo quieren las cosas justas y útiles, y las desean sinceramente guiados por el interés común. Por el contrario, entre la gente mala no es posible la concordia, y si reina alguna vez es por cortos instantes, y tampoco pueden ser por mucho tiempo amigos, porque reclaman una parte exagerada de los beneficios, y se desentienden todo lo posible de las fatigas y gastos comunes. Queriendo cada cual las ventajas solo para sí, espía y pone trabas a su vecino; y como del interés común nadie se cuida, se le sacrifica y perece. Entonces comienza la discordia, esforzándose los unos en hacer que los otros observen la justicia, pero sin que nadie quiera practicarla.

3. Es sabido que el fenómeno del flujo y reflujo se hace notar mucho en Euripe entre la Eubea y la Beocia, único punto del Mediterráneo en que se hace sensible.

7

Del beneficio

Los bienhechores, en general, aman más a los que reciben el servicio que los que reciben el servicio los aman a ellos: y como esta diferencia parece contraria a toda razón, es preciso averiguar sus motivos. La opinión más común es que los unos son en cierta manera deudores y que los otros son acreedores; y así como respecto a las deudas, los que deben querrían con gusto que los que les han dado el préstamo no existiesen, y los prestadores, por lo contrario, hasta se ocupan con solicitud de sus deudores. De la misma forma, los que han hecho el servicio quieren que los favorecidos vivan para que algún día reconozcan los favores que se les ha dispensado, mientras que los otros se ocupan muy poco de lo que les deben en cambio de lo recibido. Epicarmo diría que los que adoptan esta explicación «toman la cosa por mal lado». Pero es bastante conforme a la debilidad humana, porque de ordinario los hombres tienen poca memoria para los beneficios y prefieren recibir favores a hacerlos.

En cuanto a mí, la causa me parece mucho más natural, y creo que no tiene ninguna relación con lo que pasa en cuanto a deudas. Por el momento, los acreedores no tienen el menor afecto a sus deudores, y si desean verlos prósperos es únicamente con la mira de la restitución que esperan. Sin embargo, los que han hecho un servicio aman y agasajan a sus obligados, por más que estos ni en la actualidad ni nunca les puedan servir en nada. Es exactamente lo mismo que los artistas experimentan respecto de sus obras; no hay uno que no ame a su propia obra más que la obra lo amaría a él, si por algún casual cobrara vida. Esta observación es patente en los poetas; aman con pasión sus propias obras y se encariñan con ellas como si fuesen sus propios hijos. Esto sucede precisamente con los bienhechores: la persona favorecida es su obra, y aman más que la obra ama al que la ha hecho. La causa es bien sencilla: es porque la vida, la existencia, es para todo el que goza de ella algo preferible a todo lo demás, algo que le es profundamente querido. Ahora bien; nosotros no somos sino mediante el acto, es decir, en tanto que vivimos y obramos. El que crea una cosa existe en cierta manera mediante el acto mismo. Así, ama su obra porque ama igualmente la existencia, sentimiento que es muy natural, porque lo que solo existe en potencia la obra lo revela, lo muestra en acto. Añádase, con respecto a la acción, que hay en ella algo de noble y de bello por parte del bienhechor, de suerte que este goza en el objeto de tal acción. Al mismo tiempo, nada hay de bello para el obligado en el servicio que recibe; a lo más, solo hay algo útil, lo cual es mucho menos agradable y menos digno de ser amado. En cuanto al presente, es el acto el que nos causa placer; es la esperanza para el porvenir; es el recuerdo para lo pasado. Pero el más vivo placer sin contradicción es el acto, lo actual, que, bien entendido, es digno de que se ame. Así, pues, la obra es y sigue siendo del que la ha hecho, porque lo bello es durable; mientras que lo útil desaparece bien pronto para el que ha recibido el beneficio. El recuerdo de las cosas buenas que se han hecho causa un placer indecible, pero el recuerdo de las cosas útiles que se han aprovechado no lo causa, o si lo hace, es en mucho menor grado. Precisamente sucede todo lo contrario con los bienes que se desean y que se espera poseer. Pero amar es casi como obrar y producir; ser amado no es más que sufrir y permanecer pasivo. Por consiguiente, el amor y todas las consecuencias que engendra están de parte de aquellos en quienes la acción es más poderosa.

Debe observarse, además, que se tiene siempre más cariño a lo que ha costado más trabajo; y así, por ejemplo, los que han adquirido su fortuna por sí mismos la estiman más que los que la han adquirido por herencia. Recibir un beneficio es una cosa, en verdad, que no requiere un arduo esfuerzo, mientras que muchas veces cuesta mucho dispensar servicios a otros. He aquí por qué las madres tienen más amor por sus hijos, debido a que la parte que han tenido en la generación ha sido mucho más ardua, y saben bien que los hijos son suyos. Este es, sin duda, también el sentimiento de los bienhechores respecto a sus favorecidos.

8

DEL EGOÍSMO O AMOR PROPIO

Se ha preguntado si conviene amarse a sí mismo con preferencia a todo lo demás, o si vale más amar a otro, porque se suele censurar a los que se aman con exceso, y se los llama egoístas, como para avergonzarlos por este exceso. Realmente, el hombre malo solo obra pensando en sí mismo, y cuanto más malo se hace, más se aumenta en él este vicio, y así se le echa en cara que nunca hace nada fuera de lo que le interesa. El hombre de bien, por lo contrario, solo obra para hacer el bien, y cuanto más honrado se hace, tanto más se consagra exclusivamente a hacer el bien y, tratándose de su amigo, hasta se olvida de su propio interés.

Pero se dice que los hechos contradicen todas

estas teorías sobre el egoísmo, y esto no es difícil de comprender. Se concede que debe amarse, sobre todo, al que es vuestro mejor amigo, siendo el mejor amigo el que quiere más sinceramente el bien de su amigo por este amigo mismo, aunque, por otra parte, nadie en el mundo deba saberlo. Pero estas son precisamente las condiciones que se cumplen cuando se trata de sí mismo, así como se dan igualmente bajo esta relación todas las demás condiciones, en vista de las que se define habitualmente el verdadero amigo, porque ya hemos sentado que todo sentimiento de amistad parte, ante todo, del individuo, para derramarse después sobre los demás. Los proverbios están de acuerdo con nosotros, pudiendo citarse los siguientes: «Una sola alma»; «Entre amigos todo es común»; «La amistad es la igualdad»; «La rodilla está más cerca que la pierna». Pero todas estas expresiones manifiestan, principalmente, las relaciones del individuo consigo mismo. Y así, el individuo es su propio amigo más estrechamente que ningún otro, y es a sí mismo a quien, sobre todo, deberá amar.

Se pregunta, y no sin razón, cuál de estas dos diversas soluciones debe seguirse, ya que ambas nos inspiran igual confianza.

Quizá baste distinguir estas aserciones y hacer ver la parte de verdad y el tipo de verdad que cada una de ellas encierra. Si explicamos lo que se entiende por egoísmo en los dos sentidos en que alternativamente se toma esta palabra, veremos con la mayor claridad esta cuestión. Por una parte, queriendo convertir este término en un vocablo de censura y de injuria, se llama egoístas a los que se atribuyen a sí mismos la mejor parte en las riquezas, en los honores, en los placeres corporales; porque el vulgo siente por todo esto la más viva ansiedad; y como se buscan con empeño estos bienes, considerados como los más preciosos de todos, son extremadamente disputados. Los que se los disputan con tanto calor solo piensan en satisfacer sus deseos, sus pasiones y, en general, la parte irracional de su alma. Así se comporta la mayoría de los hombres, y la denominación de egoístas viene de las costumbres del vulgo, que son deplorables. Con justa razón se censura en este sentido el egoísmo.

No puede negarse que las más de las veces se aplica el nombre de egoístas a los que se entregan a todos estos goces groseros, y que solo piensan en sí mismos. Pero si un hombre se propusiese seguir constantemente la justicia con más exactitud que ninguna otra cosa, practicar la sabiduría o cualquier otra virtud en un grado superior, en una palabra, que no pretendiese reivindicar para él otra cosa que el obrar bien, sería imposible llamarle egoísta, ni censurarle. Sin embargo, este sería tenido por más egoísta que los demás, puesto que se adjudica las cosas más bellas y mejores, y goza tan solo de la parte más elevada de su ser, obedeciendo dócilmente sus órdenes. Así como en política la parte más importante en la ciudad parece ser el Estado mismo, y así como en todos los demás órdenes de cosas, semejante parte constituye el sistema entero, lo mismo sucede con el hombre; y quien debería pasar por egoísta en primer término es el que ama dentro de sí este principio dominante y solo trata de satisfacerlo. Si se llama templado al hombre que se domina, e intemperante al que no se domina, según la razón mande o no mande en ellos, es porque la razón, aparentemente, está siempre identificada con el individuo mismo. He aquí por qué los actos que parecen ser los más personales y los más voluntarios son los que se realizan bajo la dirección de la razón. Es perfectamente claro que este principio soberano es el que constituye esencialmente al individuo, y que el hombre de bien le ama con preferencia a todo. En este concepto, podría decirse que el hombre de bien es el más egoísta de todos los hombres, pero este egoísmo es muy distinto de aquel al que se le da un nombre injurioso. Este egoísmo noble supera el egoísmo vulgar tanto como vivir según la razón a vivir según la pasión, y tanto como desear el bien a desear lo que parece útil.

Así, todo el mundo acoge bien y alaba a los que se proponen elevarse por encima de sus conciudadanos practicando el bien. Si todos los hombres luchasen únicamente por la virtud y dirigieran siempre sus esfuerzos a practicarla, la comunidad entera vería en conjunto todas sus necesidades satisfechas; y cada individuo en particular poseería el mayor de los bienes, puesto que la virtud es el más precioso de todos. Se llegaría a deducir esta doble consecuencia: de una parte, que el hombre de bien debe ser egoísta, porque haciendo el bien le resultará a la vez un gran provecho personal y servirá al mismo tiempo a los demás; y de otra, que el hombre malo no es egoísta, porque solo conseguirá perjudicarse a sí y dañar al prójimo, siguiendo sus malas pasiones. Por consiguiente, en el hombre malo hay una discordia profunda entre lo que debe hacer y lo que hace, mientras que el hombre virtuoso solo hace lo que debe hacer; porque toda inteligencia escoge siempre lo que es mejor para ella, y el hombre de bien solo obedece a la inteligencia y a la razón.

No es menos evidente y exacto que el hombre virtuoso hará muchas cosas en obsequio de sus amigos y de su patria, aunque al hacerlas comprometa su vida; y despreciará las riquezas, los honores, en una palabra, todos estos bienes que la multitud se disputa, reservándose solo para sí el honor de hacer el bien. Gusta más de un goce vivo, aunque solo dure algunos instantes, que un goce frío que dure un tiempo más largo. Prefiere vivir con gloria un solo año[1] que vivir muchos oscura-

1. Véase en la *Ilíada*, canto IX, v. 410 y sigs., lo que Aquiles dice de sí mismo y de su madre.

mente; prefiere una sola acción bella y grande a una multitud de actos vulgares. Esta es, indudablemente, la causa por la que estos hombres generosos ofrecen, cuando es preciso, el sacrificio de su vida. Se reservan para sí la más bella y noble parte y sacrifican con gusto su fortuna, si su ruina puede enriquecer a los amigos. El amigo adquiere la riqueza, y él se reserva el honor, que es un bien cien veces mayor. Con mucha más razón hará lo mismo respecto a las distinciones y al poder. El hombre de bien abandonará todo esto a su amigo, porque a sus ojos el desinterés es lo más bello y digno de alabanza. Realmente no hay engaño en considerar como virtuoso al que escoge el honor y el bien con preferencia a todo lo demás. El hombre de bien puede llegar hasta reservar a su amigo la gloria de la ejecución; y hay casos en que es más digno dejar que haga una cosa un amigo que hacerla uno mismo.

Por tanto, en todas las acciones dignas de alabanza el hombre virtuoso toma a su cargo siempre la parte más grande del bien; y así es, repito, como debe un hombre saber ser egoísta. Pero es preciso librarse de serlo como se entiende y lo es el hombre generalmente.

9

SOBRE SI HAY NECESIDAD DE AMIGOS EN LA PROSPERIDAD

Se suscita aún otra cuestión, y se pregunta si, cuando es uno dichoso, tiene necesidad o no de amigos. En efecto, se dice, los hombres absolutamente afortunados e independientes para nada necesitan la amistad, puesto que disfrutan de todos los bienes; y, además, bastándose a sí mismos, no tienen necesidades que satisfacer, siendo así que el amigo, que es otro yo, debe procurarnos lo que no podamos conseguir por nosotros mismos. Esto es lo que pensaba el poeta cuando decía:[1]

1. Eurípides en la tragedia *Orestes*, v. 667, edición de Didot.

Cuando el cielo os sostiene, ¿qué necesidad tenéis de amigos?

Pero cuando se supone que tiene todos los bienes el hombre dichoso, es un absurdo evidente no concederle también los amigos, porque precisamente los amigos son el más preciado de los bienes exteriores. Pero más aún; si la amistad consiste más en dispensar beneficios que en recibirlos; si lo propio de la virtud y del hombre virtuoso es hacer el bien a su alrededor, y si su propósito debe ser el servir mejor a los amigos que a los extraños, de ello se deduce que el hombre de bien tendrá necesidad de gentes que puedan recibir de él beneficios.

He aquí por qué se pregunta también si es en la desgracia o en la fortuna cuando hay necesidad de amigos, porque si el hombre en la desgracia tiene necesidad de personas que le socorran, el hombre afortunado no tiene la misma necesidad de personas a quienes poder dispensar el bien. A mi entender, es el más solemne absurdo convertir al hombre dichoso en un solitario separado del resto de los hombres. ¿Quién accedería a poseer todos los bienes del mundo si se le pusiera por condición que solo pudiera usarlos para sí mismo? El hombre es un ser sociable,[2] la naturaleza

2. Véase la *Política*, lib. I, cap. I.

lo ha hecho para vivir con sus semejantes, y esta ley se aplica igualmente al hombre dichoso, porque posee todos los bienes que puede producir la naturaleza, y como evidentemente vale más vivir con amigos y personas distinguidas que con extraños o con el vulgo, es claro que el hombre dichoso tiene precisamente necesidad de amigos.

¿Qué significa, por tanto, la primera opinión que hemos indicado? ¿Cómo es que tiene algo de verdad? ¿Será porque se cree vulgarmente que los amigos son gentes que nos prestan utilidad y, por consiguiente, que el hombre dichoso no tiene necesidad de todos estos auxilios, puesto que se supone que posee todos los bienes? En este caso no tendrá necesidad de amigos y compañeros de placer o, por lo menos, será bien poca la necesidad que advierta, puesto que su vida, siendo perfectamente agradable, puede pasar sin todos los otros placeres que los demás hombres nos proporcionan. Y si no tiene necesidad de amigos de este género, es claro que verdaderamente no tiene necesidad de amigos de ninguna otra clase. Este razonamiento no es quizá muy concluyente. Al principio de este tratado dijimos que la felicidad era una especie de acto; y se comprende sin dificultad que el acto llega a ser y se produce sucesivamente, pero que no existe, en cierta manera, como una propiedad que se posee. Y si la felicidad consiste en vivir y obrar, el acto de un hombre de bien es bueno y agradable en sí, como ya hemos visto antes. Además, lo que nos es propio y familiar nos proporciona siempre los sentimientos más dulces y nosotros podemos ver mejor a los demás y observar sus acciones que observar las nuestras y vernos a nosotros mismos. Por consiguiente, las acciones de los hombres virtuosos, cuando estos son nuestros amigos, deben ser vivamente agradables para los pechos honrados, puesto que entonces los dos amigos disfrutan de un goce que es muy natural. Estos son los amigos de que el hombre dichoso tendrá necesidad, puesto que desea contemplar las acciones bellas y para él familiares; y tales son las acciones del hombre virtuoso que es nuestro amigo.

Por otra parte, se admite que el hombre dichoso debe vivir agradablemente, pero la vida del solitario es muy pesada. No es fácil obrar continuamente por y para uno mismo, y es mucho más fácil obrar con y para otros. Entonces la acción, que ya es de por sí agradable, será más continua. Esto es lo que debe buscar el hombre dichoso. El hombre virtuoso, en tanto que virtuoso, goza con los actos de virtud y se indigna con los extravíos del vicio, a semejanza del músico a quien complacen las bellas armonías y disgustan las malas. Por otra parte, vivir con los hombres de bien es una manera de ejercitarse en la virtud, como lo ha observado Teognis.[3] Y, bien considerada la cosa, es

3. Teognis. Véanse sus sentencias, v. 31, edición de Brunck.

claro que el amigo virtuoso es natural que sea el que el hombre virtuoso elija; porque, lo repito, lo que es bueno por naturaleza es en sí bueno y agradable para el hombre virtuoso. Y bien, la vida se define en los animales por la facultad o potencia que tienen de sentir; en el hombre se define a la vez por la facultad de sentir y por la de pensar; pero la potencia viene siempre a terminar en el acto; y lo principal está en el acto. Y así, parece que vivir consiste principalmente en sentir o en pensar; y la vida es en sí una cosa buena y agradable, porque es una cosa limitada y definida, y todo lo que es definido pertenece ya a la naturaleza del bien. Además, lo que es bueno por naturaleza lo es igualmente para el hombre virtuoso; y he aquí por qué puede decirse que esto debe agradar igualmente al resto de los hombres. Pero no debe tomarse aquí por ejemplo una vida mala y corrupta, ni tampoco una vida llena de dolores; porque semejante vida es indefinida, como lo son los elementos de que se compone; y esto se comprenderá más fácilmente cuando hablemos más tarde del dolor. La vida por sí sola,[4] repito, es buena y agradable, y lo que lo prueba es que encuentran en ella todo tipo de encantos, y muy especialmente los hombres virtuosos y afortunados; porque la

4. Las mismas ideas se desarrollan en la *Política*, lib. III, cap. IV.

vida les es más apetecible y su existencia es la más dichosa, sin duda alguna. Pero el que ve, siente que ve; el que oye, siente que oye; el que anda, siente que anda; y lo mismo en todos los demás casos, y es que en nosotros hay una cierta cosa que siente nuestra propia acción, de tal manera que podemos sentir que sentimos y pensar que pensamos. Pero sentir que sentimos o sentir que pensamos es sentir que existimos, puesto que hemos visto que existir es sentir o pensar. Ahora bien, sentir que se vive es una de estas cosas que son agradables en sí, porque la vida es naturalmente buena, y sentir en sí el bien que uno mismo posee es un verdadero placer. Así es como la vida es querida para todo el mundo y principalmente para los hombres de bien, porque la vida es para ellos a la par un bien y un placer; y por el hecho mismo de tener, como tienen, conciencia del bien en sí, es por lo que experimentan un placer profundo. Pero lo que el hombre virtuoso es para consigo mismo, lo es para con su amigo, puesto que su amigo no es más que un otro él. Tanto como cada uno ama y desea su propia existencia, otro tanto desea la existencia de su amigo, o poco menos. Pero ya hemos dicho que si ama al ser es porque se siente que el ser que está en nosotros es bueno, y este sentimiento está en sí rebosando dulzura. La misma conciencia, por tanto, debe tenerse de la existencia y del ser de su amigo, cosa que no es posible si no se vive con él intercambiando en esta asociación palabras y pensamientos. Verdaderamente, esto es lo que puede llamarse entre los hombres vida común, y no como la que existe entre los animales, reducida a vivir encerrados en un mismo cercado. Luego, si el ser es en sí una cosa apetecible para el hombre afortunado, porque el ser es bueno por naturaleza, y además agradable, se sigue que el ser de nuestro amigo está poco más o menos en el mismo caso, es decir, que el amigo es evidentemente un bien que debe desearse. Ahora bien, lo que se desea para sí es preciso llegar a poseerlo realmente, pues, de otro modo, nuestra felicidad sería incompleta, de donde resulta, en conclusión, que el hombre, para ser absolutamente dichoso, debe tener amigos virtuosos.

10

Del número de amigos

¿Debe uno procurar tener el mayor número posible de amigos? O acaso, así como con tan buen sentido se ha dicho sobre la hospitalidad,[1]

> En materia de huéspedes, no conviene tener muchos ni carecer de ellos.

¿Es conveniente igualmente, respecto de la amistad, no estar sin amigos ni proporcionarse un número exagerado de ellos? La palabra del poeta podría aplicarse perfectamente a las relaciones de amistad que no tienen otra base que el

1. Hesíodo, v. 333, *Las obras y los días.*

interés. Es muy difícil pagar y reconocer todos los servicios cuando se reciben muchos, y la existencia entera no bastaría para satisfacerlos. Los amigos, cuando son más en número de lo que reclaman las necesidades ordinarias de la vida, son muy inútiles, y hasta llegan a ser un obstáculo para la felicidad. Por tanto, no hay necesidad de tantos amigos de este género. En cuanto a los amigos por placer, bastan algunos; esto es como la sazón en las comidas. Resta hablar de los amigos por virtud. ¿Convendría tener el mayor número posible de ellos? ¿O bien debe tener un límite el número de amigos, como lo tiene el de ciudadanos en el Estado? No podría constituirse un Estado con diez ciudadanos, como no podría constituirse con cien mil. No quiero decir que se haya de fijar el número de ciudadanos, sino que ha de ser un total que se mantenga dentro de ciertos límites determinados. Próximamente está en caso análogo el número de amigos; es igualmente determinado, y puede reducirse, si se quiere, al mayor número de personas con quienes pueda vivirse una vida en común; porque la vida común es la señal más cierta de la amistad. Sin embargo, como puede observarse con facilidad, no es posible vivir con una multitud de personas, dividiéndose uno de esta manera. Añádase a esto que todas estas personas deben ser amigas entre sí, puesto que es preciso que pasen el tiempo reunidas unas con otras; y no es este un pequeño inconveniente cuando se trata de muchas. También es muy difícil, en medio de tantas personas, que pueda uno sentir los mismos goces y las mismas penas que todas ellas. Se está expuesto a coincidencias desagradables, y podrá suceder que, a la vez, se tenga que regocijar con unos y entristecerse con otros. Así, será muy provechoso no buscar el mayor número posible de amigos, sino solo el número de ellos con los que nos sea posible vivir en intimidad. No es posible ser amigo decidido de un gran número de personas, y esta es la causa por la que el amor no se extiende a muchos a la vez. El amor es como el grado superior y el exceso de afecto, y nunca se dirige más que a un solo ser. De igual modo, los sentimientos muy vivos se concentran sobre algunos objetos, pocos en número. La realidad demuestra evidentemente que esto es lo que acontece. Jamás será posible tener con muchos una verdadera y ardiente amistad, y todas las amistades que se alaban y se admiran no han existido sino entre dos personas.[2] Los que tienen muchos amigos y se muestran íntimos de todos ellos pasan por no ser amigos de nadie, si no es en las relaciones puramente sociales; y cuando se habla de ellos se dice que son gentes que solo aspiran a agradar civil y políticamente. Puede uno ser ami-

2. Teseo y Piritoo, Aquiles y Patroclo, Orestes y Pílades.

go de un gran número de personas, sin hacer ningún esfuerzo exagerado por agradarles, y siendo solo para ellas un hombre de bien en toda la extensión de la palabra. Pero ser amigo de uno porque es virtuoso y amarle por sí mismo es un sentimiento que no puede extenderse nunca a muchas personas, y hasta es preferible tropezar con pocas que reúnan tales condiciones.

11

¿Cuándo son más necesarios los amigos, en la prosperidad o en la desgracia?

Otra cuestión: ¿Se necesitan más los amigos en la prosperidad o en el infortunio? En ambos casos se desean; los desgraciados tienen necesidad de que se los ayude; los afortunados tienen necesidad de comunicar su felicidad y de que haya quien reciba sus beneficios, porque quieren hacer el bien a su alrededor. Los amigos son, ciertamente, más necesarios en la desgracia, y entonces es cuando deben tenerse amigos útiles. Pero es más noble tenerlos en la fortuna, porque en este caso solo se buscan gentes de mérito y de virtud, y vale más, cuando se puede elegir, hacer el bien a personas de este orden y pasar la vida con ellas. La presencia de los amigos es ya por sí sola un placer en medio de la desgracia, porque las penas son más ligeras cuando corazones amigos toman parte en ellas. Y podría preguntarse si este alivio que sentimos procede de que los amigos nos quitan una parte del peso que nos oprime, o si, sin disminuir en nada este peso, su presencia, que nos encanta, y la idea de que participan de nuestros dolores atenúan nuestra pena. Pero sea por esta causa o por cualquier otra, la atenuación de nuestros disgustos importa poco; lo que no puede ponerse en duda es que el efecto dichoso de que acabo de hablar se produce en nosotros. Su presencia tiene, sin duda, un resultado mixto. Solo el ver a los amigos es ya un verdadero placer; lo es, sobre todo, cuando es uno desgraciado. Pero, además, son una ayuda contra la aflicción; el amigo consuela con su presencia y con sus palabras, por poco que valga, porque conoce el corazón de su amigo y sabe precisamente qué le agrada y qué le aflige. Pero podrá decirse que es duro tener que sentir que un amigo se aflija con nuestros propios sinsabores, y todo el mundo evita el ser objeto de pena para sus amigos. Además, los hombres de probado valor tienen gran cuidado en no hacer partícipes de sus dolores a los que aman, y salvo el que sea completamente insensible, no se transige fácilmente con la idea de causar pena a los amigos. Un hombre de corazón no sufre jamás que sus amigos lloren con él, porque él no está dispuesto a llorar.

Solo las mujerzuelas y los hombres de su carácter se complacen en ver que otros mezclan sus lágrimas con las suyas, y aman a las gentes a la vez porque son sus amigos y porque lloran con ellos. Es evidente que en todas las circunstancias el ejemplo más noble es el que debemos imitar.

Pero cuando se está en la prosperidad, la presencia de los amigos nos agrada doblemente. Por lo pronto, la relación amistosa nos complace y nos inspira este pensamiento no menos dulce; que ellos gozan con nosotros de los bienes que poseemos. Cuando uno vive en la prosperidad es cuando nuestro corazón debe complacerse en convidar a nuestros amigos, porque es muy satisfactorio hacer el bien. Por el contrario, se duda, se tarda en decidirse a hacerlos venir cuando uno es desgraciado, porque es preciso que participen lo menos posible de las propias penas; y de aquí esta máxima:

> Basta con que yo sea desgraciado.

Verdaderamente solo debe llamárselos cuando, sin gran sacrificio suyo, pueden hacer un gran servicio. Por opuestos motivos, los amigos deben ir en busca de sus amigos desgraciados, sin necesidad de que se los llame, y siguiendo solo el impulso del corazón, porque es un deber en el amigo pagar este tributo a sus amigos, sobre todo cuando tienen necesidad de él y no lo reclaman; es, a la par, lo más bello y lo más dulce para ambos. Cuando se puede contribuir en algo a la fortuna de sus amigos, es preciso poner manos a la obra con firme resolución, porque pueden tener necesidad de auxilio. Pero es preciso abstenerse de tomar una parte personal en los beneficios que ellos obtengan, porque es poco digno reclamar con ardor provechoso alguno para sí mismo. Por otra parte, se debe procurar no desagradar a sus amigos con negativas, ni manifestar poca condescendencia cuando nos hacen ofrecimientos, lo cual sucede algunas veces.

En resumen, pues, la presencia de los amigos es una cosa agradable en todas las circunstancias de la vida, cualesquiera que sean.

12

Dulzuras de la intimidad

¿Puede decirse que la amistad es como el amor? ¿Y que, así como los amantes se complacen apasionadamente en ver el objeto amado y prefieren esta sensación a todas las demás, porque en ella, sobre todo, consiste y se produce el amor, de igual modo los amigos aspiran, sobre todas las demás cosas, a vivir juntos? La amistad es una asociación, y lo que uno es para sí mismo lo es para su amigo. Ahora bien, lo que uno ama en sí mismo es sentir que se existe, y se complace en la misma idea respecto del amigo; pero este sentimiento no obra ni se realiza sino en la vida común, y he aquí por qué los amigos tienen tanta razón para desearla. La ocupación que constituye propiamente la vida, y en la cual se encuentran más encantos, es también aquella en la que quiere cada cual que participen sus amigos viviendo juntos. Y así, unos beben y comen juntos; otros realizan ejercicios de gimnasia; otros se consagran juntos al estudio de la filosofía; en una palabra, todos pasan el tiempo haciendo juntos lo que más les encanta en la vida. Como quieren vivir siempre con amigos, buscan y distribuyen todas las ocupaciones de manera que puedan aumentar esta intimidad y esta vida común. Esto es precisamente lo que hace tan perjudicial la amistad de los hombres depravados. Inconstantes en sus afectos, solo se comunican los malos sentimientos, y se pervierten tanto más cuanto más se imitan mutuamente. Por lo contrario, la amistad de los hombres de bien, siendo como es honrada, se acrecienta con la intimidad, y hasta parece que los amigos se mejoran continuándola y corrigiéndose recíprocamente. Y así, con facilidad, se sirven el uno al otro de modelo cuando se gustan, y de aquí el proverbio:

> Siempre de los buenos se saca el bien.[1]

Demos aquí por terminada la teoría de la amistad y pasemos a la del placer.

1. Verso de Teognis.